Reconciliar-se com *Deus*

Dados Internacionais de Catalogação na Publicação (CIP)
(Câmara Brasileira do Livro, SP, Brasil)

Grün, Anselm
Reconciliar-se com Deus : curando as feridas da alma / Anselm Grün ; tradução de Mário Augusto Queiroz Carvalho. – Petrópolis, RJ : Vozes, 2014.

Título original alemão: Versöhnung mit Gott : verletzende Gottesbilder heilen

ISBN 978-85-326-4777-1

1. Decepção 2. Espiritualidade 3. Igreja 4. Imagem de Deus 5. Reconciliação 6. Vida religiosa I. Título.

14-01569   CDD-248.4

Índices para catálogo sistemático:
1. Reconciliação com Deus : Espiritualidade : Cristianismo   248.4

ANSELM GRÜN

Reconciliar-se com Deus

Curando as feridas da alma

Tradução de Mário Augusto Queiroz Carvalho

EDITORA VOZES

Petrópolis

© by Vier-Türme GmbH, Verlag, D-97359 Münsterschwarzach Abtei

Título do original alemão: *Versöhnung mit Gott – Verletzende Gottesbilder heilen*

Direitos de publicação em língua portuguesa – Brasil:
2014, Editora Vozes Ltda.
Rua Frei Luís, 100
25689-900 Petrópolis, RJ
Internet: http://www.vozes.com.br
Brasil

Todos os direitos reservados. Nenhuma parte desta obra poderá ser reproduzida ou transmitida por qualquer forma e/ou quaisquer meios (eletrônico ou mecânico, incluindo fotocópia e gravação) ou arquivada em qualquer sistema ou banco de dados sem permissão escrita da editora.

Diretor editorial
Frei Antônio Moser

Editores
Aline dos Santos Carneiro
José Maria da Silva
Lídio Peretti
Marilac Loraine Oleniki

Secretário executivo
João Batista Kreuch

Editoração: Maria da Conceição B. de Sousa
Diagramação: Sheilandre Desenv. Gráfico
Capa: Idée Arte e Comunicação
Imagem de capa: © Milos Luzanin | Shutterstock

ISBN 978-85-326-4777-1 (edição brasileira)
ISBN 978-3-89680-545-4 (edição alemã)

Editado conforme o novo acordo ortográfico.

Este livro foi composto e impresso pela Editora Vozes Ltda.

Sumário

Introdução – Uma nova experiência de Deus, 7

Parte 1 O fenômeno do envenenamento de Deus, 15

O envenenamento de Deus por imagens negativas de Deus, 16

O envenenamento de Deus pela decepção, 23

O envenenamento de Deus pelo fanatismo e pelo fundamentalismo, 27

O envenenamento de Deus pelo abuso espiritual, 33

O envenenamento de Deus pelo abuso sexual, 45

Parte 2 Uma terapia contra o envenenamento de Deus, 51

A elaboração de imagens sobre Deus e sobre nós mesmos, 53

O trabalho com os sentimentos de culpa e com a autocondenação, 65

A elaboração de ideias de sacrifício e de penitência, 87

A cura da decepção com Deus e com a Igreja, 106

Deus está ausente – Como encontro Deus em minha vida?, 112

A meditação sobre textos bíblicos – As parábolas como transformação de autoimagens e de imagens sobre Deus, 128

Parte 3 A proteção contra o envenenamento de Deus, 143

Ajuda, 145

Uma outra atmosfera de pregação, 154

Tornar Deus visível na vida, 162

Festejar juntos a proximidade de Deus, 169

O acompanhamento espiritual, 176

Pensamentos finais – A descoberta das palavras, 179

Referências, 185

Introdução

Uma nova experiência de Deus

A descoberta de casos de abuso sexual cometido por padres nos últimos cinquenta anos abalou muitos fiéis cristãos. A razão dessa decepção foi, por um lado, o fato de que os padres pregavam grandes exigências morais, mas não as satisfaziam. Por outro lado, o modo como o tema foi tratado irritou muitos cristãos. Durante muitos anos não houve qualquer pronunciamento sobre os religiosos que satisfizeram suas necessidades sexuais reprimidas com meninos e meninas.

Além disso, o tema do abuso sexual trouxe à tona muitas decepções que os cristãos experimentaram, ao longo de sua vida, quanto aos membros da Igreja, aos religiosos e às religiosas. As decepções relacionadas ao tratamento injusto, à rejeição ou a uma espiritualidade moralista, que inculcou má consciência, obscureceram ou mesmo envenenaram a imagem que as pessoas tinham de Deus. Muitos cristãos têm dificuldade de acreditar em um Deus misericordioso quando lhes é pregada, durante anos, a desumanidade e quando eles se defrontaram com representantes desumanos da Igreja. Algumas pessoas se recordam das imagens negativas de Deus que lhes foram transmitidas pela pregação da Igreja e pela educação dos pais.

Alguns se afastaram definitivamente de Deus porque não querem mais visualizar essas imagens negativas que lhes fazem mal. Outras pessoas gostariam de acreditar em Deus; no entanto, não encontram um caminho para atravessar todas essas imagens obscuras de Deus e para encontrar o Deus verdadeiro. Elas acham que precisam olhar mais exatamente para as imagens que têm de Deus a fim de se libertarem das imagens doentias. Com este livro eu gostaria de ajudar essas pessoas a olharem as boas e más experiências de sua história religiosa e a encontrarem, por esse caminho, a reconciliação com Deus e consigo mesmas.

Quanto à decepção que muitos cristãos experimentaram depois da divulgação de muitos casos de abuso sexual, alguns jornalistas falaram em um "envenenamento de Deus". Quando algo de profano ocorre no âmbito sagrado, quando pessoas são feridas e humilhadas em nome de Deus, a imagem que fazemos dele é envenenada. A expressão "envenenamento de Deus" remonta a Tilmann Moser, um psicoterapeuta que critica duramente sua educação evangélica em um livro de mesmo nome[1]. Nesse li-

---

1. MOSER, T. *Gottesvergiftung*. Frankfurt am Main, 1977.

vro, Tilmann acerta contas com a imagem de Deus de sua infância. O texto da capa do livro diz o seguinte sobre o assunto:

> O autor se refere à imagem de Deus apresentada pela Bíblia, pela sociedade, pelos pais e pela educação; imagem essa que, no seu espírito, ainda mais se desfigurou pelos sentimentos de culpa, pelo medo, pela prepotência que se fizeram sentir desde cedo e pelo sentimento precoce de ser como um leproso e nunca poder alcançar o objetivo da vida. Atribui a ela a responsabilidade pelo ódio contra si mesmo, pela autodestruição e pelo fracasso na vida.

Tilmann Moser expressou uma experiência semelhante àquela que muitas pessoas tiveram em sua infância. Moser descreveu a imagem de Deus que o seu meio pietista lhe transmitiu. Eu gostaria de destacar o ambiente católico tal como o vivenciei e como o descreveram muitas pessoas que pude acompanhar. Em minha própria educação e em meu meio religioso sempre fui poupado do envenenamento de Deus. Sou grato a meus pais, aos religiosos em nossa paróquia e aos professores de religião por terem me transmitido, desde o começo, uma imagem misericordiosa de Deus. Mas na época em que cresci – sou da geração de 1945 –, a imagem que muitas pessoas tinham de Deus foi, infelizmente, envenenada. A razão disso não era, em primeiro lugar, o abuso sexual, mas sim a pregação moralista que dizia às pessoas que elas eram más e deveriam arrepender-se profundamente por estarem sempre em pecado. Essa pregação moralista estava ligada muitas vezes à ameaça de condenação eterna ao inferno, caso a pessoa não se arrependesse ou convertesse. Em pessoas sensíveis essa pregação muitas vezes desencadeou um medo tal, que a vida delas se tornou, já na infância, um inferno.

Eu gostaria de mostrar neste livro como podemos lidar com as imagens e representações doentias de Deus que se encravaram profundamente em nossa alma.

Não desejo acusar ninguém. Os religiosos e os pais que transmitiram imagens amedrontadoras de Deus foram crianças também. Eles repassaram o que receberam. No entanto, apesar de todas as coisas ruins, sempre se esforçaram em mostrar um caminho para a vida. Gostavam muito de seus filhos, curaram e aliviaram muito desse envenenamento de Deus. As imagens que tinham de Deus não eram totalmente erradas. Muitas vezes elas só eram unilaterais.

A educação antiga produziu pessoas bastante fortes e saudáveis. Mas ela também tinha o seu lado sombrio. Eu gostaria de apresentá-lo. Não se trata de despejar a criança com a água suja, por assim dizer, e arrancar do coração todas as imagens antigas que as pessoas têm de Deus. Antes de tudo, trata-se de purificar as imagens que as pessoas têm de Deus e de si mesmas. Trata-se de *des*envenenar, de curar as feridas que as pessoas, em algum momento, experimentaram em sua vida religiosa, quer sejam causadas por membros da Igreja, quer por decepção com Deus. Somente quando nos defrontamos com as feridas e as olhamos podemos descobrir os caminhos para a cura.

Não se trata somente das vítimas que tiveram experiências negativas com a Igreja ou com Deus, mas também das muitas pessoas que procuram por Deus, inclusive aquelas que estão numa Igreja que caiu na suspeita geral de atraso e abuso.

Como podemos procurar Deus hoje e encontrá-lo? Como temos a experiência de Deus? Vivo com o grande desejo de ter a experiência de Deus. Essas pessoas não querem ser confrontadas constantemente com a experiência do abuso. Elas querem encontrar ajuda no caminho de seu desejo. Elas tiveram uma infância com experiências boas ou doentias de Deus, ou não tiveram nenhuma educação religiosa. Elas cresceram em um meio ateu ou não religioso e se perguntam se há algo além desse meio. Também tenho em vista essas pessoas quando escrevo sobre a decepção com Deus e sobre caminhos concretos pelos quais elas podem descobrir e encontrar Deus em nosso mundo.

Parte 1

O fenômeno do envenenamento de Deus

O envenenamento de Deus por imagens negativas de Deus

Muitos pais agiram mal usando Deus como instrumento de educação. Eles ameaçaram os filhos: "Se você não for obediente, se você mentir, se você fizer alguma coisa errada... Deus vê tudo, e Deus irá puni-lo". Deus foi, por assim dizer, instrumentalizado como braço direito dos pais. Ele serve para que as crianças façam o que os pais querem e para inculcar que elas devam ser obedientes e comportadas.

A criança pode escapar dos pais. Deus está por toda parte, e vê tudo. Do Deus todo-poderoso e onipresente a criança não pode escapar. Deus sempre tem a criança em suas mãos. Uma imagem de Deus desse tipo conduz ao envenenamento de Deus. É que, nesse caso, Deus é, sobretudo, um controlador, o Grande Irmão que tudo vê e do qual não se pode, portanto, esconder nada.

A isso se acrescenta o fato de que os pais muitas vezes provocam medo nos filhos quanto a coisas que a criança não pode evitar. Por exemplo, muitas vezes se diz que Deus vê todos os pensamentos. Desse modo, a criança não tem permissão de pensar nada. Ela não tem permissão para ter sentimentos agressivos em relação aos pais. Entretanto, os sentimentos agressivos pertencem ao desenvolvimento saudável da criança. Eles contribuem para que a criança se diferencie dos pais e crie coragem para seguir seu próprio caminho. A aprovação que Jesus dá a certa agressividade em relação aos pais, enquanto condição para que as pessoas o sigam e não permaneçam atadas aos pais (cf. Lc 14,26), é ignorada ou nem mesmo é compreendida no clima criado por essa educação.

Sobretudo, Deus é apresentado como se Ele visse todos os pensamentos e as fantasias sexuais. Estas seriam então a pior coisa que uma criança pode imaginar. A sexualidade é vista negativamente. É transmitido a muitas crianças um medo em relação a ela. Deus é apresentado como se Ele se importasse, sobretudo, com o comportamento correto relativo à sexualidade. Nesta só haveria pecados mortais. Muitas crianças interiorizaram essa mensagem de tal maneira que sofreram a vida toda sob o seu peso.

Uma mulher criada em uma aldeia contou-me a seguinte história. Seus pais tinham uma propriedade rural. Antes da Primeira Comunhão ela viu um touro cruzar com uma vaca. Pensou imediatamente: não posso ver isso. É pecado mortal. No dia seguinte aconteceu a Primeira Comunhão. Por acaso alguma coisa sujou o seu vestido. A mancha tornou-se um sinal de que ela tinha cometido um pecado sexual ao ver o acasalamento da vaca. Ela sofreu um tormento infernal, pois pensou que estava em pecado mortal e não podia mais, de jeito nenhum, ir à Comunhão. Assim, ela iria carregar o fardo de mais um pecado mortal, pois ia para a Comunhão indignamente. Ela não se alegrou com a Primeira Comunhão e teve durante todo o dia a consciência pesada. E essa má consciência atormentou-a ao longo de toda a vida.

Quando a mulher contou-me esse caso, notei quanto mal pode ser causado à alma de uma criança quando se inculca nela um medo assim em relação ao pecado e ao inferno. E senti não só compaixão por essa mulher, mas também raiva contra essa educação que prejudicou e envenenou toda a vida dela.

Mesmo o benefício da Eucaristia, que Jesus institui para mostrar-nos, sob uma forma corpórea, o seu amor, tornou-se um tormento para muitas crianças. É que só se podia comungar quando se confessaram todos os pecados. Muitas crianças tornaram-se escrupulosas demais, pois não estavam certas se realmente confessaram tudo ou se esqueceram de alguma coisa. Outras crianças tinham sentimentos de culpa porque, ao escovar os dentes, engoliram um pouco de água. É que há algum tempo só se podia comungar quando se estava em jejum, e esse jejum muitas vezes devia ser absoluto. Não se podia tomar sequer um gole de água antes da Comunhão. No entanto, através dessa insistência rigorosa em leis exteriores gerou-se um temor em muitas pessoas e estragou-se a sua alegria quanto à fé e à Comunhão. A Comunhão, enquanto presente e fortalecimento para nós, fracos pecadores, foi distorcida e tornou-se, na verdade, uma recompensa para as pessoas que eram absolutamente puras ou, pelo menos, para as que tinham sido purificadas pela Confissão para o momento da Comunhão.

A imagem controladora de Deus ligou-se frequentemente a uma imagem castigadora dele. Deus pune então todos os erros. Deus já pune na vida terrena. Quando alguma coisa dá errado, quando se fica doente, quando alguém morre, a gente vê nisso imediatamente um castigo de Deus.

Mas Deus pune sobretudo depois da morte. A punição de Deus torna-se então uma condenação. Isto significa que a gente se vê como estando para sempre apartado e repudiado da graça divina, sem chance de encontrar a felicidade ou a salvação. Tilmann Moser afirma no seu livro *Do envenenamento de Deus até um Deus suportável* "que nos envenenamentos de Deus das pessoas que sofrem ou procuram terapia, atua uma teologia muita primitiva que usou Deus como instrumento de educação e de intimidação"[2]. Contra essa teologia primitiva uma teologia esclarecida muitas vezes não ajuda muito. É que ela dirige-se ao entendimento. Mas a imagem envenenada de Deus está gravada profundamente na alma. Ela se relaciona às primeiras experiências com os pais e foi gravada profundamente na autoimagem da pessoa.

Tanto a imagem controladora de Deus quanto a punidora estão sempre ligadas a uma autoimagem correspondente. Nesse contexto não se pode dizer o que vem primeiro: a tendência de autopunição na própria alma ou a imagem castigadora de Deus, a necessidade de controlar por si mesmo todos os seus sentimentos e pensamentos ou a imagem controladora de Deus. As duas imagens se confirmam e se fortalecem mutuamente. Controle e punição eram um meio importante de educação e estabeleceram-se através da educação como instância de controle e de autopunição no próprio interior da pessoa. Sigmund Freud fala, nesse contexto, de superego, que internalizou essas tendências controladoras e punidoras.

---

2. MOSER. T. *Von der Gottesvergiftung zu einem erträglichen Gott* – Psychoanalytische Überlegungen zur Religion. Stuttgart, 2003, p. 23.

Ambas as tendências (na autoimagem e na imagem de Deus) levaram muitas vezes ao medo com relação ao inferno, e esse medo fortaleceu o medo da morte. Tinha-se medo de morrer porque poderia ir parar logo no inferno. Muitas vezes o medo do inferno foi fortalecido por sermões sobre ele. Alguns padres descreviam a situação dos homens no inferno com gozo sádico. As pessoas estariam lá sempre queimando no fogo. Ou o inferno seria o isolamento, a invalidez, o constante desespero ou o sentimento de estar para sempre excluído da vida.

Tais sermões sobre o inferno ou levaram a um medo duradouro da morte ou a se afastarem da fé. Elas não queriam mais ter nada a ver com um Deus que se alegra com a condenação dos homens. Desse modo, os pregadores dos sermões sobre o inferno alcançaram exatamente o oposto do que tencionavam. Eles queriam estimular as pessoas a ter uma vida cristã quando as faziam temer uma vida errada. Mas, ao provocar esse medo tiraram dessas pessoas a alegria da fé e, em algum momento, a própria fé.

Recentemente uma mulher contou-me uma história relacionada ao seu pai idoso. Na sua velhice, ele estava se tornando cada vez mais temeroso. Ele se lembrava de tudo o que fez de errado em sua vida. A mulher gostaria de transmitir a seu pai a imagem de um Deus misericordioso que ela encontrou, por si mesma, principalmente nas parábolas de Jesus. Mas ela não consegue ir de encontro ao medo do inferno profundamente arraigado. Ela percebe o quanto a educação religiosa da primeira infância pode obscurecer também – ou melhor, exatamente – os últimos anos da vida de um homem.

Não faz sentido pregar contra o medo do pai idoso. A filha deveria conversar com ele sobre o seu medo, encorajá-lo a confrontar esse medo para então convertê-lo, aos poucos, em uma confiança em Deus que seja maior que nosso coração (cf. 1Jo 3,20). Não são palavras cheias de unção que transformam o medo, mas sim a atitude de levar a sério, assim como a de relativizar. Propus àquela mulher que ela dissesse para seu pai: "É verdade, com certeza, que nem tudo o que você fez é correto. Mas olhe o malfeitor à direita de Jesus. Ele fez muito mais coisas erradas do que você. Ele matou. Ele fracassou em sua vida. Mas, no último instante, ele manifestou seu amor ao comunicar o que desejava. Jesus lhe disse: 'Ainda hoje estarás comigo no paraíso' (Lc 23,43). Lance estas palavras de Jesus sobre o seu medo. Elas o transformarão".

O envenenamento de Deus pela decepção

Depois do Concílio Vaticano II havia, no final dos anos de 1960, um intenso clima de renovação na Igreja. Muitos leigos se engajaram, então, em suas paróquias. Eles participaram no âmbito litúrgico, bíblico e também em atividades sociais e missionárias.

Quando falo hoje com os cristãos que eram engajados naquela época, percebo neles uma grande decepção. Eles lutaram em favor da comunidade. Mas, apesar disso, a vida religiosa da comunidade regrediu. Eles têm a impressão de que são a última geração que se identificou com a Igreja. Estão decepcionados com a falta de aceitação de seu entusiasmo pela maioria das pessoas na comunidade. O conjunto da comunidade participou muito pouco da renovação, à qual alguns se dedicaram tanto.

Outros estão decepcionados com os religiosos que não deram valor aos seus esforços. Ou então conheceram algum religioso com o qual puderam colaborar maravilhosamente. Alegravam-se com a vivacidade de sua comunidade. Então o religioso era substituído e outro padre aparecia. Este não queria saber de engajamento dos voluntários. Ou então os assustava ou afastava com seu comportamento autoritário. Os voluntários sentiram-se profundamente feridos. Todo o tempo que eles dedicaram à paróquia, além de sua profissão e família, não foi valorizado. Ao contrário, não se queria o seu engajamento; eles se "intrometeriam" demais na administração da comunidade. Assim, cada vez mais voluntários se desligaram da comunidade. A ida à missa tornou-se cada vez menos frequente. As pessoas que ainda vão à igreja sofrem com seu tedioso vazio. Às vezes sofrem com o sermão moralista do padre. Não aguentam mais esses sermões conservadores. Assim, vão se afastando ou procuram outras paróquias, nas quais se sintam compreendidos.

Muitas pessoas encontraram em sua comunidade um lar. A substituição do padre e a alteração do clima na comunidade roubaram-lhes seu lar. Isso as feriu profundamente.

Muitas pessoas procuram seguir, então, um caminho espiritual pessoal. Elas procuram cursos de meditação ou vão a mosteiros para vivenciar lá por alguns dias uma atmosfera espiritual. No entanto, muitos estão decepcionados com Deus: Ele é tão fraco a ponto de não poder mais preencher com seu Espírito a sua Igreja?

A imagem de Deus que ouvem no sermão é recusada por muitas pessoas. A decepção com religiosos e colaboradores oficiais da paróquia obscurece também a sua imagem de Deus. Inconscientemente eles identificam os anunciadores da Boa-nova com a própria Boa-nova. Não podem mais suportar a sua mensagem. Para eles, não é mais uma Boa-nova, mas palavras que passam por eles sem tocá-los.

A decepção com os trabalhadores da Igreja ou com a Igreja enquanto instituição se junta muitas vezes, para algumas pessoas, à decepção com Deus: A gente rezou durante anos e foi fielmente à missa. Apesar disso, parece que Deus não nos deu atenção. A gente ficou doente. A esposa, que era tão fiel, morreu de câncer. Como Deus pôde permitir isso? Ela viveu tão piedosamente. Ela esforçou-se tanto pelos outros, mas morreu dolorosamente. Sua morte obscurece a imagem de Deus.

Uma mãe fiel está decepcionada com Deus porque os seus filhos, apesar da educação cristã, não querem mais nada com a Igreja nem com Deus. Ela se pergunta o que fez de errado. Pergunta por que Deus não faz nada para que os filhos possam perseverar na fé. Deus está tão pouco interessado em seus filhos pelos quais ela se sacrificou tanto?

A decepção com Deus é vivenciada por muitos cristãos esforçados porque, apesar de todos os seus esforços na oração e na meditação, não conseguem ter a experiência de contato com Deus. Ele não se mostra. Ele não fala. Eles têm a impressão de que Ele se mantém ausente. Gostariam de perceber a proximidade de Deus, mas não a sentem.

Respondo o seguinte a essas pessoas esforçadas que estão decepcionadas: "Você anseia conhecer Deus. No seu anseio por Deus, Ele já está presente. Você não consegue perceber Deus, mas no anseio por Deus, Ele já gravou um vestígio de sua presença em seu coração. Simplesmente sinta com mais atenção o seu anseio. Então você irá tocar o vestígio de Deus em seu coração. Isso já é alguma coisa".

O envenenamento de Deus pelo fanatismo e pelo fundamentalismo

Não há somente terroristas islâmicos; existem também fanáticos cristãos que, por exemplo, assassinam médicos que fazem abortos e insultam setores inteiros da sociedade com difamações. Eles falam a língua da violência e não hesitam em fazer uso dela. O que é fatal é que eles praticam a violência em nome de Deus.

Obviamente, fundamentalismo não é o mesmo que fanatismo. A palavra "fundamentalismo" deriva-se da palavra latina *fundus*, que significa "solo", "fundamento", "fundação". Os fundamentalistas gostariam de construir sua fé sobre uma fundação firme. Isso é perfeitamente bom. Mas, às vezes, eles se atêm tão firmemente à sua fundação, que se tornam rígidos; só olham para o fundamento, e não para cima. Eles confundem Deus com os dogmas sobre Deus. Eles olham para a letra, e não para o espírito.

"Fanatismo" deriva-se originariamente de *fanum*, palavra com a qual os romanos designavam "o sagrado". A palavra latina *fanaticus* significa "tomado pelo deus e transportado para um entusiasmo arrebatado". É uma expressão mística. Descreve aquelas pessoas que são tomadas profundamente por Deus e caem em êxtase.

Em nossa época a palavra ganhou um significado negativo. Quem foi transportado para um entusiasmo arrebatado é cego para a realidade. Negligencia todas as leis e mandamentos e as necessidades das pessoas.

Como surgem o fundamentalismo ou o fanatismo? No começo do fundamentalismo encontram-se, muitas vezes, insegurança e medo quanto ao que é ameaçador no mundo, mas também quanto ao que é aflitivo na própria alma. Eu acompanhei um rapaz que era muito teimoso e fundamentalista. Enquanto consideramos a sua vida, ele contou que o pai sempre estava ausente e nunca o apoiou. A educação exigia muito da mãe. Desde o começo da infância, ele temia afundar-se moralmente. Por isso, precisa de uma armadura bem firme para superar esse medo de afundar-se.

O fundamentalismo pode ser, portanto, uma reação completamente saudável da alma à ameaça externa ou interna. Ele é como que um substituto do pai. É que o pai tem a tarefa de dar apoio. Quando o pai, que me apoia, está ausente, eu preciso de uma sustentação. E muitas vezes isso se encontra na ideologia, no fundamentalismo. Ele me dá um ponto de apoio. Mas chega a hora em que esse ponto de apoio torna-se muito estreito. Ele torna-se uma armadura apertada que impede a pessoa de entrar em contato com os outros. A armadura aperta-se cada vez mais, até isolar a pessoa.

Não podemos destroçar a armadura de uma pessoa tão fundamentalista, pois ela realmente se afundaria. E não podemos tirar o seu fundamento, pois ela não tem mais nada sobre o qual poderia ficar em pé. Só podemos ajudá-la a tornar-se interiormente mais forte, para que não precise mais da armadura e do fundamento cimentado e possa manter-se de pé, livre sobre a terra, e enraizar-se aí. Então ela crescerá como uma árvore, para cima, e abrirá a sua copa para o céu.

No fanatismo, o medo de ameaças internas e externas liga-se a fantasias megalomaníacas de poder e violência. O medo em relação à própria agressividade interior é compensado na medida em que ela é expressa em nome de Deus. Mas quando eu sobrecarrego minha agressão com imagens religiosas ela torna-se cega. Não tenho mais limites. Não percebo mais que estou indo de encontro às minhas convicções religiosas. Torno-me cego também quanto às minhas fantasias megalomaníacas.

Os fanáticos são, na verdade, pessoas tímidas e inseguras que têm pouca autoestima. Eles precisam refugiar-se em fantasias de grandeza para encobrir a sua pequenez. Em algum momento essas fantasias de grandeza e poder se descarregam e podem, então, provocar tiroteios, ataques terroristas ou outras formas de violência extrema.

Para poder permitir-se tais coisas que são, em última instância, imorais, a gente precisa da imagem de um inimigo. Tudo o que é estrangeiro, diferente e, sobretudo, outras religiões é visto como inimigo. Essa imagem do inimigo permite à pessoa fanática matar sem restrições e violar todas as leis da humanidade.

Os fanáticos não têm nenhuma experiência genuína de Deus. É que quem realmente tem a experiência do contato com Deus torna-se modesto e humilde. Está consciente de sua própria humanidade. Os fanáticos abusam da religião para confirmar sua própria grandiosidade. Ficam tão fascinados por essa grandiosidade que é difícil fazê-los mudar de ideia.

Os fanáticos têm, muitas vezes, um lado demagógico. Eles pregam ódio contra inimigos e estrangeiros e incitam muitas pessoas a agir como fanáticos. O fanatismo começa nas palavras. Lança palavras brutais e agressivas contra outras pessoas, contra quem é diferente, contra estrangeiros e inimigos.

Em última instância, os fanáticos têm medo de tudo o que é diferente, porque não gostariam de olhar o que é diferente e desconhecido à sua própria alma. Não estão prontos para ver o seu próprio lado sombrio. Em vez disso, projetam tudo o que é obscuro em outras pessoas para dar-se o direito de aniquilar essas pessoas.

Nesse último ponto aproximam-se os fundamentalistas e os fanáticos. É por temer o que é estranho e as próprias sombras que os fundamentalistas agarram-se tão fortemente à sua fé "verdadeira". Tudo que parece contradizer essa fé é demonizado. Eles farejam o diabo. Quando farejam o diabo, dão-se o direito de agir contra ele com todos os meios.

Fanáticos e fundamentalistas farejam o diabo em determinadas práticas como a meditação ou a homeopatia, ou em determinadas pessoas. Os limites são então facilmente ultrapassados, porque a luta contra o diabo como que permite agir de modo radical contra todos os que se deixam comandar pelo diabo.

Mas os fanáticos e fundamentalistas não percebem que eles, em última instância, têm medo do diabo na própria alma. Sua segurança fundamentalista é obtida ao preço da segurança quanto à própria alma. Em vez de olhar os próprios lados sombrios (insegurança, agressividade, dúvida, medo), eles projetam esses lados sombrios em outras pessoas e os combatem nelas. O caminho da humildade, isto é, olhar toda a sua própria verdade, pode curar a ferida do fundamentalismo e do fanatismo. Mas é preciso ter coragem para olhar humildemente a própria verdade.

O envenenamento de Deus pelo abuso espiritual

Não há somente o abuso sexual; há também o abuso espiritual. Este fenômeno foi descrito principalmente pelos teólogos das igrejas protestantes. Ele ocorre quando um diretor espiritual, um padre, uma religiosa ou um amigo espiritual abusa do dirigido ou do amigo tendo em vista suas próprias necessidades. David Johnson define da seguinte forma o abuso espiritual[3]:

> O abuso espiritual é o comportamento errado com relação a uma pessoa que precisa de ajuda, apoio ou fortalecimento espiritual, cujo resultado é o enfraquecimento ou o prejuízo da vida espiritual dessa pessoa (JOHNSON & VAN VONDEREN, 1996: 23).

Esta é uma definição bastante geral de abuso espiritual. Abuso é quando o diretor espiritual usa outra pessoa para controlá-la ou dominá-la, sem dar atenção ao que se passa com ela.

---

3. JOHNSON, D. & VONDEREN, J. *Geistlicher Missbrauch* – Die zerstörende Kraft der frommen Gewalt. Wiesbaden, 1996, p. 23.

Jesus também critica duramente o abuso espiritual em sua advertência contra os fariseus. Ele reconhece esse abuso quando os guias espirituais põem fardos pesados sobre os ombros de outras pessoas (Mt 23,4). Jesus censura os filisteus por não moverem um dedo para afastar esses fardos e tornar a vida das pessoas mais suportável. Em vez disso, sobrecarregam as pessoas com exigências que eles mesmos não cumprem.

Quando um diretor espiritual ou um sistema espiritual não ajuda a pessoa a suportar o fardo de sua vida, mas a oprime e esgota com suas exigências, ocorre o abuso espiritual. A pior censura que Jesus faz aos fariseus é a seguinte:

> Fechais aos homens o Reino dos Céus; não entrais vós nem permitis que entrem os que o desejam (Mt 23,13).

As pessoas que estão em busca da espiritualidade são impedidas pelo abuso espiritual de seguir seu caminho e entrar no Reino dos Céus: o reino em que Deus reina nelas e no qual Deus é o centro. Em vez disso, as leis e regras do diretor e do sistema religioso tornam-se o centro da vida do dirigido. Elas o impedem de descobrir o mistério e o carisma da própria vida. Ainda mais severa é a seguinte crítica de Jesus:

> Percorreis mar e terra a fim de converter uma só pessoa para, depois de convertida, a tornar merecedora do inferno duas vezes mais do que vós mesmos! (Mt 23,15).

As pessoas que querem converter outras com um fervor missionário grande demais correm o risco de serem capturadas pelo próprio esquema. Lançam os outros no inferno, em vez de abrir-lhes o céu. Tornam a vida dos outros um tormento constante, em vez de comunicar-lhes a vida que Jesus presenteou a todos.

David Johnson e Jeff Van Vonderen descrevem algumas características dos sistemas nos quais o abuso espiritual é cometido[4]. Por exemplo, os guias às vezes valorizam demais a sua posição de poder. Às vezes, obediência e submissão são constantemente exigidas. Em vez de estimularem o crescimento espiritual, as pessoas se dedicam unicamente à correção do comportamento exterior. Às vezes existem regras tácitas que não podem ser violadas. Se fossem verbalizadas, as pessoas reconheceriam o seu absurdo imediatamente. Mas elas permanecem tácitas e exercem, assim, um grande poder. Sua violação é punida duramente. Outra regra é que a gente não pode falar

---

4. Ibid., p. 75.

sobre a comunidade com terceiros. E não se pode falar dos verdadeiros problemas na comunidade.

Muitas pessoas que cresceram em um sistema abusador sentem dificuldade para se desprender. Elas estão tão presas à lealdade, que sentem grande medo e sentimentos de culpa quando pensam em abandonar o sistema. Muitas vezes são intimidadas pelas autoridades, que as ameaçam com coisas terríveis. Se elas abandonam o sistema, são expostas publicamente e proibidas de participar da comunidade. São excluídas radicalmente e devem desistir de todas as relações na comunidade.

De acordo com minha experiência, todos os sistemas ideológicos são propensos ao abuso espiritual. Isso vale para círculos religiosos fundamentalistas e também para grupos esotéricos. Uma jovem que recebeu educação religiosa bastante severa contou-me como foi parar em círculos esotéricos. Estes lhe diziam que ela era especial, que nela havia muita luz e que podiam ver Jesus atrás dela. Isso a fascinou, por um lado, mas a confundiu, por outro. Outros círculos religiosos quiseram, por causa disso, expulsar os espíritos maus dela. As duas direções eram opostas e inimigas e conduziram à total desorientação dessa jovem.

Sempre que um guia espiritual se mostra como sendo todo-poderoso – algo que só cabe a Jesus –, ele abusa das pessoas. Pessoas lábeis são atraídas por esse poder total. Sentem-se fascinadas porque finalmente surgiu alguém que sabe exatamente o que é bom para elas. Mas, em algum momento elas se sentem totalmente manipuladas. Nesse momento elas desistem de sua fé e não sabem mais quem são. Não sabem mais a que elas podem se entregar. Gostariam de crer, mas têm medo de cair novamente em grupos manipuladores.

O abuso espiritual ocorre sempre quando o diretor instrumentaliza para si o dirigido. Ele precisa de pessoas que o sigam, admirem e o adorem como guru. Assim que o dirigido abandona o papel de adorador, o diretor trabalha com os sentimentos de culpa.

A criação de uma má consciência é o instrumento de poder mais sutil que existe. É que nenhum de nós é totalmente isento de culpa. Quando alguém nos inculca sentimentos de culpa, nosso "lado culpado" é tocado e reage receosamente. Talvez o outro esteja certo. Talvez seja melhor seguir o diretor. Afinal, ele tem mais experiência.

Alguns abusadores espirituais trabalham não só com sentimentos de culpa, mas também com um tipo de maldição. Quando o dirigido se recusa a seguir todas as instruções, eles o ameaçam com frases como "Você verá o que vai te acontecer!" "Se continuar sendo tão teimoso, você vai se dar mal". "Você vai para o inferno. Você está condenado". "Há algo de mau em você". "É satã que coloca esses pensamentos em você".

É exatamente esse método de condenar as pessoas ao inferno que Jesus repreendeu nos fariseus (cf. Mt 23,15). Almas temerosas se deixam influenciar facilmente por essas ameaças de condenação. Outros ameaçam não com condenação, mas com abandono afetivo. Isso é, para alguns, igualmente ameaçador: "Se você fizer o que quer, vou deixá-lo sozinho. Você vai ver a que leva a sua teimosia. Aí você terá de se arranjar sozinho".

Outros diretores sujeitam o seu dirigido a um verdadeiro vaivém de sentimentos. Numa conversa eles o bajulam, elogiam, mostram-lhe simpatia e amor. E no próximo encontro chamam-lhe de infiel, desobediente e ingrato. O dirigido não sabe mais o que está acontecendo.

O abuso espiritual tem as mesmas consequências que o abuso sexual: há confusão de sentimentos. Não se sabe mais o que está se passando com os próprios sentimentos. Há, por um lado, a gratidão pela ajuda que se recebe. Por outro lado, tem-se o sentimento de estar sendo usado ou sufocado pelo diretor. Há, por um lado, a raiva contra esse tipo de direção espiritual e, por outro lado, sentimentos de culpa vêm à tona: o diretor espiritual tinha boa intenção, ele sacrificou tanto tempo por mim. Ele me compreendeu. Ele me amou.

Quem é abusado vacila entre o sentimento de que o diretor só está exercendo seu poder, e a insegurança sobre se ele não tem razão. Justamente quando o diretor se mostra muito autoritário e sabe exatamente qual é o caminho correto é que isso pode impressionar: talvez Deus esteja falando por meio dele... No início, admiramos o diretor. Agora, estamos completamente decepcionados. O amor converteu-se em ódio. Mas a tensão entre admiração e decepção, entre amor e ódio, permanece.

Muitas vezes a psique endoidece. A pessoa não percebe mais o quanto as coisas andam mal. Já que ela é insegura e ainda não encontrou seu caminho, deseja às vezes voltar para a clareza com a qual o diretor dava suas instruções, mesmo que ao preço da estreiteza que experimentou nisso.

A confusão de sentimentos que o abuso espiritual desencadeia costuma levar também à raiva e a uma tristeza profunda em relação a si mesmo. O dirigido não pode se perdoar por ter se entregado às mãos desse diretor espiritual. Por que ele não ouviu os sinais que seu corpo e sua psique deram, os sonhos que teve sobre o diretor nos quais ele aparecia como era? Por que não confiou em suas dúvidas, que lhe ocorreram logo na primeira conversa? Como pôde deixar de lado seu entendimento e entregar-se a esse charlatão? Por que não confiou em seu próprio juízo? Tem conhecimento psicológico suficiente para compreender os jogos do diretor. Mas ele sente em si uma parte que não pode resistir, que é propensa a acreditar em pessoas que se apresentam como gurus: quando alguém fala com segurança sobre questões espirituais, surge nele o anseio de poder fazer a mesma experiência espiritual, pois ele gostaria de ter tanta certeza sobre o seu Deus quanto o guru.

Uma vez duas mulheres vieram conversar comigo. Haviam participado de um grupo de meditação em torno de um guru durante anos. Esse homem tinha uma radiação espiritual tal que elas tomavam todas as palavras que ele dizia como revelação divina. Ele exigiu que elas vendessem suas casas e lhe dessem o dinheiro. Iria construir um centro social na Índia com ele. Depois descobriram que ele usou para si todo o dinheiro que obteve dos seus adeptos e construiu uma casa imensa onde vivia desregradamente. Elas ficaram totalmente confundidas. O santo que as atraíra tanto desmascarou-se e revelou-se como um diabo. Em quem elas ainda poderiam confiar?

As duas mulheres tornaram-se desconfiadas em relação a palavras piedosas, mas também perderam seus pontos de apoio. Elas não sofreram somente a perda de sua base econômica, mas igualmente seus pontos de apoio. A base que o guru lhes dera se desfez. Elas precisavam de uma terapia para curar todas as feridas que o guru causara. Mas tais feridas, que tocam o que é mais sagrado, são profundas e é preciso muito tempo para curá-las.

O abuso espiritual ocorre principalmente em um meio ideológico. Em alguns movimentos de renovação espiritual como o Novo Catecumenato, os Focolares e os Carismáticos há o perigo de que suas intenções, que costumam ser muito boas, se liguem a estruturas ideológicas. Em algumas ordens religiosas também existem esses meios ideológicos.

Quando falo dessas ideologizações não quero, de modo algum, generalizar. Conheço bastante bem ordens e círculos de oração que vivem uma espiritualidade saudável e corporificam a liberdade cristã. Um meio é ideológico quando cada coisa que se faz na vida é aumentada por meio de imagens arquetípicas. Então a obediência, necessária à vida em qualquer ordem, é reinterpretada como tarefa exclusiva da própria vontade. As pessoas se exaltam com palavras radicais e dizem que se deve aniquilar totalmente o próprio eu, que se deve entregar unicamente a Deus, sem julgar ou pensar por si mesmo. Os superiores é que pensariam pelos membros da ordem. Toda resistência contra o diretor espiritual é interpretada como resistência contra Deus. Toda crítica é interpretada como afronta contra a unidade; a unidade, entretanto, seria o que distingue fundamentalmente uma comunidade cristã. Até Jesus orou por essa unidade. As pessoas devem se ater a essa unidade com todas as forças, a todo custo, ao preço da própria opinião.

Para o dirigido, a própria sinceridade torna-se, em tais situações, algo fatal. Quando conta algo sobre a própria infância, isso é interpretado imediatamente em sentido psicológico: como complexo neurótico, como complexo de autoridade, como medo de ligar-se, como recusa de se entregar a Deus, como uma ferida profunda que só se pode curar por total obediência e desistência de pensar por si. Tais interpretações, a princípio, tornam o dirigido inseguro.

A pessoa fica sem palavras quando cada uma de suas palavras é, de imediato, claramente interpretada. Muitas pessoas que não têm uma autoestima saudável permitem ser questionadas dessa forma. Pensam que já há alguma coisa errada. E assim caem em uma situação da qual muitas vezes não são capazes de sair com as próprias forças. Precisam de outra pessoa que possa lhes contar o que viveram. Então sentem, naquilo que ouvem, como foi desumano o que se fez com elas. Reconhecem então o abuso de poder: fala-se de obediência e pretende-se que o outro deve desistir de pensar por si. Fala-se da vontade de Deus e pretende-se poder dispor dessa vontade.

O abuso espiritual encontra-se sobretudo quando a própria vontade é misturada à vontade de Deus. O psicoterapeuta suíço Carl Gustav Jung chama a isso de "inflação". É claramente um abuso de poder. Alguém se esconde atrás da vontade de Deus e não percebe como usa Deus para justificar o próprio poder e satisfazer uma necessidade desmedida desse poder. Quem diz que conhece a vontade de Deus a respeito de outra pessoa mostra-se como se fosse infalível. O Espírito Santo não pode ser posto em questão. E recorre-se, em todas as decisões, ao Espírito Santo, que se revelou para alguém. Nesse caso, a autoridade humana é aumentada ideologicamente, torna-se quase infalível.

Um abuso espiritual não pode ser pior do que quando reclama para si o Espírito Santo. Assim, não se dá, para o outro, nenhuma chance de confiar em seus próprios sentimentos. O Espírito Santo fala justamente por meio de nossos impulsos sutis, por meio dos próprios sentimentos e sonhos. Mas nada disso conta no contexto do abuso espiritual. Tudo isso é, para tais diretores, somente teimosia que deve ser eliminada.

Quem fala assim não percebe como está se equiparando a Deus. Pessoas instáveis caem nessa conversa. Renegam, por ela, a clareza e a solidez. Mas, em algum momento, essas pessoas sentem-se abusadas. Aí elas ficam extremamente irritadas e desamparadas. Desmorona todo o edifício da suposta segurança. Sentem-se fracassadas. Chegaram a um beco sem saída e não sabem mais para onde ir. Uma longa terapia é necessária para superar esse abuso.

O envenenamento de Deus pelo abuso sexual

Quando muitos casos de abuso sexual de crianças cometido por padres vieram à tona, a Igreja viveu uma profunda crise. Muitos cristãos saíram dela. Sentiram sua confiança na Igreja ser traída. Outros se enfureceram com o fato de que a Igreja, que corporifica uma exigência moral tão elevada e cujos sacerdotes frequentemente proclamam uma moral sexual tão rígida, não ficou à altura de suas próprias exigências. Às vezes, justamente aqueles sacerdotes que em seus sermões eram muito moralistas se transformaram em malfeitores. Eles repudiaram e demonizaram sua sexualidade e, às escondidas, desfrutaram dela livremente; normalmente sob o pretexto de que queriam aproximar-se das crianças e mostrar-lhes amor.

Para muitos cristãos surgiram dúvidas se a pregação da Igreja é correta. Viram então, com olhos céticos, todos os sacerdotes. Eles gozam sua vida sexual com crianças, secretamente? Eles abusam de suas capacidades pedagógicas para atrair as crianças? Muitos cristãos colocaram tudo em questão. Não sabiam mais em quem, na Igreja, poderiam confiar. Duvidaram de toda pregação: Trata-se de meras palavras vazias? Posso confiar nessas palavras? Em quem posso realmente confiar?

Antes os cristãos costumavam estimar os sacerdotes e vê-los como santos. Agora essa santidade foi completamente destruída. Assim, o ponto de apoio de muitos cristãos foi tirado. Eles começaram a duvidar da fé. Não podiam mais confiar em Deus: Quem é esse Deus que o padre pregou, se ele, apesar de seus sermões muito convincentes, abusou de crianças?

Quando os casos de abuso sexual tornaram-se públicos, suas vítimas caíram, mais do que qualquer outra pessoa, em uma crise profunda. As velhas feridas se abriram outra vez. Algumas vítimas reprimiram o abuso e continuaram a vida. Algumas, além disso, continuaram na mesma igreja e a frequentá-la todo domingo.

Agora as velhas feridas das vítimas se abriram outra vez. Elas sentiram que não podiam mais ir à missa. Elas sentiram o nojo que o padre desencadeou nelas com o seu abuso sexual. E esse nojo se estende a tudo o que é religioso. Tudo o que é religioso parece-lhes mera aparência, mentira, hipocrisia. A lembrança do abuso sexual envenenou a sua imagem de Deus. Na infância, elas eram ministrantes especialmente pias e fervorosas; engajaram-se na Igreja.

Falavam com entusiasmo sobre o padre ou o capelão. E ele abusou de sua piedade e de sua confiança. Sentiram-se traídas pelo sacerdote no qual haviam depositado tanta confiança. Agora não sabem mais em quem ainda podem confiar.

O que é pior no abuso sexual é a confusão de sentimentos. As vítimas sentem-se divididas entre dor, nojo, ira e sentimentos de culpa. Ainda que toda a culpa esteja no abusador, as vítimas têm, mesmo assim, sentimentos de culpa. Perguntam-se se teriam seduzido o padre ou mesmo se foram demasiado atraentes. Essa confusão de sentimentos é um envenenamento interior. É que os envolvidos não sabem mais em que sentimentos podem confiar. Seus sentimentos mais profundos foram abusados. Agora essas vítimas procuram desprender-se de todos os sentimentos, pois qualquer sentimento pode ser enganoso. Mas assim elas se desprendem da vida.

Uma mulher que assistiu uma vez a um curso meu perguntou-me se ela e uma de suas amigas poderiam ter uma conversa comigo. Ela disse que a amiga tinha um grande problema. As duas mulheres vieram juntas para a conversa. Quando estendi a mão para a amiga da mulher, ela retirou a sua imediatamente. Irritei-me. No começo, a conversa transcorreu rapidamente. Então a mulher começou a contar, lentamente. Quando ela tinha dez anos um padre abusou dela sexualmente. E ele a amaldiçoou: se ela contasse para alguém o que tinha acontecido, Deus iria castigá-la.

Essa maldição pesou muito sobre essa mulher. Ela não ousava ir a uma igreja. Ela tinha essa necessidade e entrou diversas vezes em uma igreja. Mas tão logo entrava surgia o pensamento sobre o abuso sexual, e a maldição pesava sobre ela. Não era fácil ganhar a confiança dessa mulher. É que ela projetava em mim a sua experiência com o padre que abusou dela. Na conversa seguinte ela conseguiu vir sozinha e contar sinceramente tudo o que ela havia vivenciado. Eu entendi então quão profunda era a sua ferida.

Abuso sexual é uma ofensa profunda. Mas quando ela é realizada por um padre, que corporifica o sagrado, o sagrado é maculado também. E quando o padre abusa de seu poder amaldiçoando a vítima, esta dificilmente pode esquivar-se desse poder. Foi necessário muito tempo até que a ferida dessa mulher pudesse ser curada. Uma ferida assim nunca é curada totalmente. Um terapeuta disse certa vez que essa ferida é como uma ferida de guerra. O que se pode fazer é aprender a lidar com ela.

As vítimas de abuso sexual cometido por padres costumam associar o sagrado ao abuso. Assim, elas dificilmente conseguem ir à igreja; afastam-se dela. Ou então sentem uma profunda desconfiança em relação a todos os pensamentos e sentimentos religiosos. Pois quando o abuso ocorre em uma atmosfera tão piedosa, a alma delas se preserva de se entregar novamente à piedade. Elas têm a impressão de que poderiam ser seduzidas outra vez, de que poderiam ser vítimas novamente de alguma ideologia religiosa. Sua imagem de Deus foi envenenada.

Uma mulher contou-me que, quando era garota, foi confessar-se com um padre. Ele usou a Confissão para abusar da menina. Desde então ela não consegue mais se confessar. Às vezes ela sente a necessidade de se confessar, mas a Confissão está associada demais ao abuso. Desse modo, ela não consegue mais entrar no confessionário nem se confessar.

As vítimas costumam associar intimamente Deus com os padres que abusaram delas. O nojo em relação ao abusador liga-se ao nojo em relação a Deus. Elas não conseguem mais confiar nem nos padres nem em Deus. Têm a impressão de que poderiam ser seduzidas por Deus tão logo confiem nele. É o que experimentou também o Profeta Jeremias; ele não sofreu abuso sexual, mas suas palavras refletem a experiência de muitas vítimas:

> Tu me seduziste, Senhor, e eu me deixei seduzir; Tu me agarraste e me dominaste. Sou motivo de riso o dia inteiro, todos zombam de mim (Jr 20,7).

Parte 2

Uma terapia contra o envenenamento de Deus

É importante enfrentar a dor do envenenamento de Deus causado por abuso sexual ou espiritual, por imagens doentias sobre Deus e sobre si mesmo e por decepções com a Igreja e com Deus. Mas não adianta continuar sofrendo. Assim ficamos presos nas mesmas dores e permanecemos no papel de vítima. É importante que levemos a sério o fato de sermos vítimas; mas é importante também que não continuemos sendo vítimas.

A psicóloga Verena Kast descreveu certa vez como a vítima pode tornar-se um criminoso quando persiste no papel de vítima. Portanto, é importante a pessoa se distanciar de seu papel de vítima e tomar as rédeas de sua vida.

Minha intenção é descrever como podemos lidar com a ferida do envenenamento de Deus e desenvenenar a imagem sobre Deus e sobre nós mesmos. Trata-se da conciliação com as imagens sobre Deus e, no final das contas, com Deus. A conciliação com Deus só pode acontecer quando nos despedimos das imagens doentias sobre Deus e sobre nós mesmos e encontramos imagens apropriadas sobre Deus e nós mesmos.

A elaboração de imagens sobre Deus e sobre nós mesmos

Nossa experiência de Deus e nossa vivência quanto a nós mesmos dependem de imagens que trazemos em nós sobre Deus e sobre nós mesmos. As imagens foram inculcadas em nós, e as carregamos conosco. Não podemos criá-las. Assim, é preciso olhar essas imagens, analisá-las, dissolvê-las e substituí-las por imagens melhores. Não podemos arrancar as imagens antigas. As imagens sempre voltarão. Só podemos substituí-las ao internalizar novas imagens e eliminar ou transformar lentamente as velhas imagens.

Entretanto, precisamos estar sempre cientes de que as novas imagens não correspondem nem a Deus nem a nós mesmos. Elas só são mais próximas da verdade. São mais saudáveis. Mas Deus está além de todas as imagens. Elas são janelas através das quais olhamos para Deus. Podemos limpar as janelas para olhar melhor para Deus, mas Ele não é janela. Deus torna-se às vezes visível e tangível. Mas, nesse caso, Ele também nos escapa. Imagens saudáveis não podem fixar Deus. Nosso Eu verdadeiro só pode ser experimentado e visto aos poucos.

As imagens velhas sobre Deus só podem ser transformadas quando não as recusamos simplesmente, sem dar-lhes atenção. Há um grãozinho de verdade nas imagens velhas. O que ocorre é que elas são demasiado unilaterais. Obscureceram a janela através da qual olhamos para Deus. Mas, apesar de todo obscurecimento, conseguimos olhar através dela e intuir um pouquinho de Deus, o que é perfeitamente normal. Assim, eu gostaria de ver primeiro as imagens velhas sobre Deus e sobre nós mesmos e descrever como elas podem lentamente se transformar.

Há a imagem do Deus que pune, correspondente à tendência de autopunição que temos na alma. Na imagem do Deus que pune se expressa a ideia de que não podemos viver de qualquer jeito. Devemos ser justos em relação à nossa essência, àquela que Deus infundiu em nós. Quando vivemos contra nossa essência, ela reage. Por exemplo, nossa alma rebela-se quando temos imagens muito grandiosas sobre nós mesmos, quando agimos como se fôssemos sempre perfeitos. Então nossa alma reage com depressões. Ou quando vivemos contra nosso corpo e o sobrecarregamos continuamente, ele reage ficando doente.

Antes, as pessoas explicavam isso por meio da imagem da punição. Entretanto, essa imagem transmite uma autoimagem insegura. Estou sempre diante de um "juiz interior" que pode me punir. Assim, a imagem do Deus que pune torna-se uma imagem demoníaca de Deus.

A imagem da punição tem a sua justificativa quando ela quer nos dizer: viva de um jeito que esteja de acordo com a sua natureza. É que, de outro modo, o seu corpo ou sua alma rebelam-se. Mas então a punição não é algo ameaçador, que vem de fora. Na verdade, o que ela quer é nos presentear com um sentimento mais apurado sobre nossa essência.

Conhecemos nossa essência através das reações de nosso corpo e de nossa alma. Em relação a isso, não há normas absolutas. Cada um tem a sua própria medida, e nossa alma se rebela quando não respeitamos nossa medida. Descobrimos nossa medida ao escutar nosso corpo e nossa alma.

A palavra alemã para "punição" só passou a ter o significado de uma punição jurídica no século XIII. Antes, punir significava o mesmo que ralhar, censurar. O Deus que pune era, por isso, o Deus que me exorta a respeitar minha essência. E "punir" (*strafen*) vem de *straff*, que significava também "esticado" e "firme". Relaciona-se com a corda do arco e flecha, que deve ser esticada firmemente para que a flecha atinja seu alvo. Portanto, punir significa originariamente "esticar" nossa natureza para que ela consiga alcançar, como a flecha, o seu alvo. Quando nos tornamos muito relapsos em nossa natureza, nenhuma força emana de nós. Deus deve continuar tensionando o arco de nossa alma porque às vezes somos muito negligentes em relação a ela. Eis uma ação útil de Deus; não é uma punição qualquer.

Quanto à imagem do Deus que pune, precisamos nos desvencilhar da ideia de um juiz externo que nos julga arbitrariamente. Devemos nos desvencilhar da ideia de um Deus que pune, que vê com satisfação como as pessoas não observam seus mandamentos para poder puni-las. Estas são imagens negativas sobre Deus, que são, obviamente, determinadas por experiências negativas: se o meu pai tinha um prazer sádico de punir meus erros, eu projeto essa imagem negativa sobre Deus. Mas eu devo libertar de tais imagens a minha imagem sobre Deus. De outro modo, permaneço em minha relação doentia com meu pai.

O psiquiatra católico Albert Görres acredita que o envenenamento de Deus tem sua causa no fato de projetarmos sobre Deus características demasiado humanas como ciúme, sadismo, arbitrariedade, punição e poder. Moldamos Deus à nossa imagem. Por isso, ele nos aconselha a "usar nosso entendimento, seja ele grande, pequeno ou fraco, do modo mais razoável possível e a recusar todas essas persistentes superstições mitológicas que inventam para a divindade um caráter instável. O deus de nossa superstição deve morrer"[5].

Devemos superar esse deus humanizado, no qual projetamos nossos próprios mecanismos de controle e nossa tendência de punir e julgar, "visando um Deus divino"[6]. Ele afirma:

> A decepção quanto a Deus e o envenenamento de Deus enraízam-se na falta de um passo decisivo do desenvolvimento espiritual: a superação de uma visão infantilizada de um deus demasiadamente semelhante ao homem em favor de um Deus que nenhum juízo ou compreensão humana podem apreender[7].

O desenvenenamento da imagem de Deus ocorre numa inspiração súbita, mas o fenômeno da inspiração não é algo extraordinário.

---

5. GÖRRES. A. "Die Gotteskrankheit – Religion als Ursache seelischer Entwicklung". In: BÖHME, W. (org.) *Ist Gott grausam?* – Eine Stellungnahme zu Tilmann Mosers "Gottesvergiftung". Stuttgart, 1977, p. 16.
6. Ibid., p. 17.
7. Ibid., p. 20.

Ele consiste numa luz suave à qual um cristão pode ater-se contra todos os ataques à convicção sobre a bondade e a santidade de Deus. Ele consiste no admirável fato de que um cristão pode ver-se como abençoado e amado, sem problemas, ainda que esteja consciente de seus consideráveis defeitos de caráter. Essa inspiração discreta permite que o cristão, apesar de todos os acontecimentos do mundo contrários à esperança, espere que o Senhor da história não irá abandonar o mundo como um monte metafísico de escombros, mas o conduzirá a um bom fim[8].

Estas palavras sóbrias esclarecem em que consiste a terapia da imagem de Deus. Por um lado, devemos ativar nossa compreensão e refletir sobre Deus de modo adulto. Devemos libertar a imagem de Deus de todas as projeções que nossos pais e nós, quando éramos crianças, ligamos a essa imagem. E, por outro lado, devemos olhar nossa própria autoimagem. Em que medida fomos condicionados por nossa educação, a ponto de termos um temor tão forte do mal e daquilo que é desconhecido em nosso inconsciente? Em que ponto distorcemos nossa autoimagem? Fizemos isso por medo de não corresponder às esperanças

---

8. Ibid.

de nossos pais? A terapia contra o envenenamento de Deus se concretiza sempre ao mesmo tempo em que a terapia contra o autoenvenenamento.

Eu gostaria de descrever esse processo mais detalhadamente tomando como exemplo mais uma vez a imagem controladora sobre Deus. Essa imagem corresponde muitas vezes a uma tendência controladora da alma humana. As pessoas se controlam quando têm medo de seus próprios sentimentos ou daquilo que cochila em seu inconsciente. Muitas vezes elas têm medo de perder o controle sobre si mesmas, de se deixarem levar e serem controladas por outros.

Uma mulher que foi abusada sexualmente tinha esse autocontrole. Controlava todos os sentimentos. Não queria abrir-se para os homens por medo de tornar-se dependente. Essa instância controladora não era totalmente ruim. Era uma proteção que a preservava de ser vítima outra vez. É que algumas mulheres que foram vítimas de abuso sexual caem muitas vezes nas mãos de homens que abusam delas exatamente da mesma maneira.

É o que ocorre frequentemente na terapia. Uma terapeuta contou-me que mulheres que foram abusadas ou estupradas caem muitas vezes nas mãos de terapeutas esotéricos que pretendem curá-las ensinando-lhes a "fusão cósmica". Mas esses terapeutas não notam que estão descarregando suas próprias necessidades sexuais nessas mulheres. Quando a mulher não se distancia do seu papel de vítima ela cai facilmente em situações tristes como essa. Desse modo, a tendência de se controlar é uma defesa contra essas situações de sedução. Mas ao mesmo tempo a mulher sofre por ter neutralizado seus sentimentos em razão desse controle. Não se trata de jogar fora totalmente o autocontrole, mas de usá-lo com liberdade.

Ocorre algo semelhante com a imagem controladora sobre Deus. O Deus controlador quer nos mostrar positivamente que não estamos sozinhos em nossos pensamentos e ações, que Ele está nos olhando. Nesse sentido, consciência significa que há uma instância em nós que vê tudo o que fazemos. Quando essa instância é benfazeja e é de um Deus bondoso que nos olha, a imagem de Deus não tem, então, nada de amedrontadora, mas leva a uma maior consciência e a um maior cuidado.

Controle vem de "contra" e de "papel" (*Rolle*). Significa, portanto, a contraprova ou contrarregistro com o qual verificamos se o registro original está correto. Quando controlo meus pensamentos e sentimentos não estou me autodominando para parecer exteriormente que sou totalmente *cool* e ponderado. Controlar-se significa tomar uma contraprova, olhar o que penso de outro ponto de vista e examinar se meus pensamentos são corretos.

Esse controle não produz uma pessoa que range os dentes e reprime todos os impulsos de sua alma, mas sim uma pessoa consciente, que tem consciência de tudo o que faz e desenvolve um sentimento sobre aquilo que faz bem a ela, à sua alma e ao seu corpo.

Estou sempre conhecendo pessoas que não conseguem ler a Bíblia porque sempre se deparam com palavras como condenação e inferno e acabam achando que estão condenadas. As palavras da Bíblia chamam-lhes a atenção para o seu medo do inferno e de sua própria tendência de autocondenação. Não posso ajudá-las dizendo que Deus é amoroso e humano. É que elas se afastaram dessas imagens de Deus.

Nesse caso é melhor olhar com lucidez tais textos bíblicos sobre o inferno e sobre a condenação e entendê-los de uma maneira nova. Quando Jesus prega sobre o inferno, tratam-se de sermões de advertência. Jesus quer chamar nossa atenção para que vivamos lucidamente. É que nossa vida é cheia de valor e única. E Jesus quer nos libertar de caminhos que transformariam a vida neste mundo em um inferno.

O psicanalista Peter Schellenbaum escreveu o livro *Despedindo-se da autodestruição*. Nesse livro ele narra mitos gregos que apresentam modos de autodestruição. Os gregos já sabiam que não poderiam ajudar pessoas temerosas falando de modo puramente teórico sobre Deus. O que fizeram foi, antes, pintar as imagens destrutivas, de modo a convidar-nos para uma vida mais confiante. Vi uma tendência semelhante em templos budistas. Neles, as imagens do inferno são representadas de modo bastante drástico, não para nos amedrontar, mas para convidar-nos a seguir o caminho da vida.

Portanto, Jesus quer, com suas palavras sobre o inferno, exortar-nos a abrir os olhos, despertar e viver conscientemente. Não quer nos assustar. Quando as palavras de Jesus nos assustam, o que elas fazem é, em última instância, descobrir a tendência de nossa alma de nos condenar e lançar-nos no inferno.

Em última instância, o medo que emerge em nós quer nos conduzir ao autoconhecimento. Por que sou tão rigoroso comigo mesmo? Diante do que tenho medo? Tenho medo de sucumbir, de ser incendiado pelo vulcão interior em minha alma? Quando me coloco essas questões as palavras de Jesus conduzem-me à minha própria verdade. Mas só posso ver essa verdade quando sei que tudo o que está em mim é envolvido pela misericórdia divina.

Outras pessoas sentem-se inseguras quando leem ou ouvem as frases da revelação de João no último livro do Novo Testamento a respeito do juízo final. E é comum que elas encontrem pessoas que interpretem essas frases como se referindo à época atual e façam predições quanto ao fim do mundo. Na maioria das vezes, esses autodenominados profetas sabem a data exata, que chegará em um ou dois anos.

Tais frases sobre o fim do mundo são sempre frases sobre a própria situação anímica. A pessoa chega ao final de suas próprias possibilidades. Projetam esse estado catastrófico de espírito sobre o mundo externo. Tudo irá desmoronar, pois a alma não encontra apoio em si mesma.

Pessoas instáveis não são imunes a essas ideias. A terapia contra esses temores que contaminam pessoas instáveis não consiste em ridicularizar tais frases sobre o fim do mundo. É preciso deixar de lado as descrições exteriores e olhar para a própria alma. O que me causa medo? Tenho medo do juízo final ou simplesmente do fim, de ter chegado ao fim da vida sem ter feito o que queria em relação a ela? Podemos ver nessas questões um convite para pronunciar contra esses temores a mensagem de Jesus:

> Tende certeza: estarei convosco todos os dias até o fim do mundo (Mt 28,20).

O trabalho com os sentimentos de culpa e com a autocondenação

Em muitos cristãos infundiram-se sentimentos profundos de culpa. Interiorizaram a mensagem de certos pais e de certos padres: "Você é mau. Você é pecador. Você é culpado".

Entre os evangélicos essa mensagem recebeu uma resposta teológica: "Sim, tu és culpado. Mas Cristo tomou para si a tua culpa. Ele foi punido em teu lugar e por ti e expiou assim a culpa". Para muitas pessoas, a mensagem curou e libertou. Mas, em outras, essa mensagem só fortaleceu o sentimento de culpa: "Eu não sou nada. Eu sou tão mau que Cristo precisou sofrer tanto por mim. Sou culpado por Jesus ter morrido na cruz".

Entre os católicos a culpa recebeu a seguinte resposta: "Tu deves confessar. Então te libertas da tua culpa. Na Confissão o padre te dá o perdão de Deus". A Confissão foi para muitas pessoas um alívio e uma libertação. Mas ela esteve muitas vezes associada a uma pressão. As pessoas *tinham a obrigação* de se confessar. Ensinou-se às crianças que elas tinham a obrigação de se confessar direito. Isso significava que precisavam dizer todos os pecados, pois, de outro modo, a Confissão não valia. Assim, alguns utilizaram um instrumento de libertação e de cura para exercer poder e infundir medo. Muitas pessoas se sentiram como pobres pecadores quando da Confissão. Em algum momento o seu amor-próprio se rebelou. Não queriam mais entrar num confessionário escuro e apequenar-se diante de um padre.

A doutrina da remissão dos pecados, tal como nos é transmitida pela Bíblia, não quer fortalecer o nosso sentimento de culpa. Ela quer nos dizer: "Ainda que você se sinta muito culpado, Deus te perdoa. Se Jesus perdoou na cruz os assassinos, então você pode acreditar que não há nada em você que não possa ser perdoado".

Ademais, a Confissão, tal como era praticada pela Igreja Antiga, era algo que curava as pessoas. A conversão sempre é possível, ainda que a pessoa se desvie da fé ou cometa algo profundamente errado. E essa conversão é fortalecida pelo ritual que cura e liberta, atingindo o que é mais profundo no inconsciente. É que no homem há um juiz interior que não quer nos perdoar. O juiz perde seu poder em razão da Confissão, de tal maneira que nos tornamos capazes de crer no amor de Deus que perdoa e nos sentir livres da culpa.

A doutrina da redenção e a Confissão têm, portanto, a intenção de curar e libertar. Mas é comum que ambas sejam mal utilizadas para fortalecer os sentimentos de culpa nas pessoas e para estimulá-las a pensar constantemente em sua culpa.

Há mais de cem anos o filósofo Friedrich Nietzsche criticou com palavras duras a paixão dos cristãos pelo pecado. A consequência dessa paixão pelo pecado é "um monte de sentimentos de culpa que torna o homem totalmente neurótico"[9]. Nietzsche diz que o maior erro de Jesus foi dizer que "não há nada que tenha feito os homens sofrerem mais do que os seus pecados"[10]. A consciência do pecado só produziria no homem mais sentimentos de pecado. E estes teriam "causado a maior e mais inquietante doença da qual a humanidade até hoje não se curou: o sofrimento do homem em relação *a si mesmo*"[11].

Para Nietzsche a atenção constante à própria culpa leva à desconfiança com relação a tudo o que é

---

9. NEGEL, J. *Ambivalentes Opfer* – Studien zur Symbolik, Dialektik und Aporetik eines theologischen Fundamentalbegriffs. Paderborn, 2005, p. 349.
10. NIETZSCHE, apud NEGEL, J. *Ambivalentes Opfer...* Op. cit., p. 350.
11. Ibid., p. 351.

belo e forte e à "míngua da vida e da energia vital"[12]. Ainda que hoje achemos exageradas essas palavras de Nietzsche, ele chamou a atenção para algo essencial, para uma tendência que foi muito difundida nos últimos cinquenta anos do cristianismo: incutir no homem uma consciência de pecado e sobrecarregá-lo com sentimentos de culpa.

A questão é, portanto, como a terapia contra o sentimento de culpa e contra o medo da condenação deve começar. A mensagem da redenção da culpa oferecida por Jesus Cristo e a oferta da Confissão podem ajudar a produzir um relacionamento adequado com os sentimentos de culpa. Mas é preciso, em primeiro lugar, um entendimento psicologicamente correto sobre os sentimentos de culpa e os passos psicológicos antes que o caminho religioso possa realmente libertar e curar. A partir da correta compreensão dos sentimentos de culpa a confissão pode ser entendida como um lugar de cura e libertação.

A psicologia distingue sentimentos de culpa doentios e genuínos. Ela reconhece que muitos sentimentos de culpa não têm nada a ver com uma culpa real. Muitas pessoas sentem-se culpadas porque o seu superego as acusa. Elas interiorizaram as ordens

---

12. Ibid., p. 354.

e valores dos pais de tal maneira que só podem libertar-se deles com sentimentos de culpa. Por um lado, sentem o impulso de libertar-se dos padrões dos pais. Por outro lado, sua alma reage com sentimentos de culpa a esses passos para a libertação. Nesses sentimentos de culpa, no final das contas, a alma ainda está ligada aos pais e não consegue desprender-se de seus padrões. O superego, ou os pais por meio dele, ainda as controlam.

Uma jovem que era constantemente estimulada pela mãe a trabalhar sente-se culpada quando descansa um pouco ou aproveita alguma coisa. Alguns sentem-se culpados quando não podem cumprir as expectativas dos outros: do cônjuge, do amigo, do colega de trabalho. Outros se condenam como culpados em razão de sentimentos como ódio ou inveja que surgem neles. Punem-se através de sentimentos de culpa quando percebem em si alguma agressividade. Em vez de olhar para a agressividade e integrá-la ao seu conceito de vida, eles a utilizam contra si mesmos. A tarefa da psicologia e também a de um bom cuidador de almas consiste em distinguir sentimentos de culpa e culpa genuína.

Visto que sentimentos de culpa são sempre desagradáveis, o homem desenvolveu muitos mecanismos para não sair dos trilhos. Um caminho para não perceber os sentimentos de culpa é projetá-la sobre os outros: em pessoas, em grupos ou estruturas. O homem se defende contra os sentimentos de culpa porque eles destroem a imagem ideal que ele tem de si e o separam da comunidade dos homens. A admissão da própria culpa lhe tiraria o chão sob os pés e seria "uma radical ameaça à sua humanidade"[13]. Assim, é compreensível que reprimamos nossos sentimentos de culpa. Mas isso leva a uma paralisação da vida na necessidade de repetições, a uma insensibilidade e à apatia. Sentimentos de culpa exteriorizam-se em raiva, medo, nervosismo e teimosia, não importando se esses sentimentos de culpa correspondem a uma culpa verdadeira ou não.

Sentimentos de culpa são desagradáveis. Por outro lado, porém, é próprio do homem que ele possa tornar-se culpado e se torne efetivamente. Quem nega a capacidade de culpa do homem nega sua dignidade. É o que o psiquiatra de Munique Albert Görres sempre enfatiza. O que ele quer dizer é que a perda do sentimento de culpa verdadeira significa, em última instância, perda de humanidade.

---

13. AFFEMANN, R. "Schuld, Schulderfahrung und Gewissen – Ein Gespräch mit dem Stuttgarter Psychoterapeuten". *Herder Korrespondenz*, 27, 1973, p. 132.

> Quando o homem não percebe mais a possibilidade de ser culpado, não percebe mais a sua profundidade existencial, o que lhe é próprio e distintivo, a sua liberdade e responsabilidade[14].

Quando se perde a consciência da culpa o mal no homem se expressa não mais "como má consciência, mas apenas como medo difuso ou depressão, como distonia vegetativa"[15]. Em lugar dos sentimentos de culpa a pessoa é contaminada pela angústia do fracasso e depressões.

A psicologia ocupa-se não só com sentimentos de culpa, mas também com a culpa real. Para C.G. Jung a culpa consiste em uma tensão: recuso-me a olhar e aceitar como sou. O que é desagradável eu reprimo, separo. Para Jung, a culpa não é algo necessário, no qual o homem cai inevitavelmente, mas tem a ver somente com a decisão livre. Fecho conscientemente meus olhos diante daquilo que contradiz minha imagem ideal.

O homem gostaria de evitar sempre a sua verdade. Alguns afastam-se de sua própria realidade ao amenizar sua culpa; outros exageram seu arrependi-

---

14. GÖRRES. A. *Das Böse*. Friburgo im Breisgau, 1984, p. 77.
15. Ibid., p. 78.

mento. Em vez de atentar para a própria culpa e mudá-la (mudança significaria penitência), desfruta-se do arrependimento "como de um cobertor quente num dia frio de inverno, quando se deveria levantar. Essa desonestidade, esse não querer ver faz com que não haja confrontação com a própria sombra"[16].

Segundo C.G. Jung, o homem se torna culpado quando se recusa a ver sua própria verdade. Mas há, para Jung, também uma culpa quase necessária, da qual o homem não pode escapar.

> Somente uma pessoa extremamente ingênua e inocente pode imaginar que é possível escapar do pecado. A psicologia não pode mais permitir essas ilusões infantis, mas deve obedecer à verdade e afirmar que a inconsciência não é uma desculpa, mas sim um dos piores pecados. Um tribunal humano pode livrá-la da punição; mas a natureza vinga-se do modo mais impiedoso, sem importar se há ou não consciência de culpa[17].

A culpa é uma chance de descobrir a própria verdade, de olhar para a profundidade de seu coração e lá no fundo encontrar Deus.

---

16. JUNG, C.G. *Gesammelte Werke VIII*. Olten, 1964, p. 680.
17. JACOBI, J. & JUNG, C.G. *C.G. Jung - Mensch und Seele* – Aus dem Gesamtwerk ausgewählt von Jolande Jacobi. Olten, 1972, p. 242.

Nossa tarefa enquanto pessoas consiste em aceitar as próprias sombras e aceitar com toda humildade a própria culpa. É que no caminho de individuação o homem sempre se defronta com a culpa. C.G. Jung não quer eliminar essa culpa ou nos convidar a sermos culpados, mas simplesmente constata o que sempre acontece. Quando a pessoa se defronta com sua culpa ela não se prejudica no seu caminho para a tomada de consciência.

A relação com a culpa exige um esforço moral. Tomar consciência da culpa exige, ao mesmo tempo, que se altere ou melhore algo em nós mesmos.

> O que permanece no inconsciente não se transforma nunca, como se sabe; somente na consciência podem-se fazer correções psicológicas. A consciência da culpa pode transformar-se no mais poderoso impulso moral... Sem culpa, infelizmente não há amadurecimento da alma e nenhuma ampliação do horizonte espiritual[18].

A experiência da própria culpa pode representar então o início de uma mudança interior.

Hoje os sentimentos de culpa aparecem cada vez mais claramente nas doenças relacionadas a compul-

---

18. HARTUNG, M. *Angst und Schuld in Tiefenpsychologie und Theologie.* Stuttgart, 1979, p. 50.

sões. Muitos sofrem de compulsões. Tais pessoas têm a compulsão de verificar três vezes ou mais se a porta da casa está fechada. Através do controle elas gostariam, em última instância, de controlar a si mesmas e superar a angústia que as corrompe interiormente e poderiam desviá-las para um comportamento culposo. Outros sofrem com a compulsão de limpeza. Querem como que purificar-se de alguma culpa da qual não têm consciência. Um homem jovem sentia a necessidade de fazer um desvio ao voltar do trabalho para casa. Somente quando passava por certas aldeias é que nada lhe aconteceria. Nenhuma explicação racional consegue libertá-lo dessa compulsão. Alguma culpa está por trás disso, ou pelo menos o medo de ter se tornado – ou de poder tornar-se – culpado ao passar por determinados caminhos. Por isso ele precisa passar por outros caminhos e, assim, desviar-se da culpa. Mas isso acaba causando uma doença.

A questão é como nós lidamos com a nossa culpa. Devemos nos proteger contra duas tendências: a de culpar e a de desculpar. Quando nos culpamos, nos dilaceramos com sentimentos de culpa e nos punimos. Dramatizamos nossa culpa. Assim nos falta a distância em relação à nossa própria culpa. Não lidamos realmente com a culpa, mas permitimos que ela nos domine e nos deprima. É comum que essa autodesvalorização seja irrealista e não corresponda à realidade[19]. Ela impede, portanto, uma genuína autocrítica e a assunção de sua responsabilidade. Condena-se sem a menor hesitação e evita olhar realmente para os verdadeiros fatos.

Muitas vezes essa autoacusação é o outro lado do orgulho. No fundo há o desejo de ser melhor do que os outros e elevar-se acima deles. Mas então aparece a voz do superego que proíbe isso. E assim pune-se a tentação à soberba com a declaração dramática à própria culpa. Muitas vezes essas pessoas dizem que são os piores pecadores que existem. Porque não podem ser as melhores, elas são as piores. Recusam-se a reconhecer sua medianidade e querem superar os outros em qualquer situação, seja no que é bom, seja no que é ruim. A modéstia faria bem a essas pessoas, a coragem de assumir sua própria humanidade e natureza terrena (*humilitas*).

O outro perigo consiste em se desculpar. Essa também é uma maneira de fugir da culpa. Procuro milhares de motivos por que eu não poderia ser

---

19. Cf. RAUCHFLEISCH, U. "Pastoralpsychologische Überlegungen zur Bewältigung von Schuld". In: BAUMGARTNER, I. *Handbuch der Pastoralpsychologie*. Regensburgo, 1990, p. 360.

culpado e tento me justificar com todas as razões possíveis. Mas, quanto mais eu quiser me justificar, maiores serão as dúvidas que surgirão em mim. E não posso nada além de procurar novas razões para justificar-me. A recusa de admitir minha culpa me lança numa inquietação. Não posso me manter em silêncio. É que nele os meus sentimentos de culpa emergiriam imediatamente e eu perceberia que minhas tentativas de justificação caem no vazio.

A admissão da própria culpa pertence à dignidade do homem e é uma expressão de liberdade. Quando amenizo minha culpa atribuindo-a a outros ou procuro subterfúgios, privo-me dessa dignidade, suprimo minha liberdade. Ao assumir a responsabilidade por meu fracasso recuso todas as tentativas de justificação e de acusação. Essa é a condição para que eu evolua interiormente como homem, para que rompa o cárcere da autopunição permanente e da auto-humilhação e me encontre.

A confissão da culpa a uma pessoa leva à experiência de uma maior proximidade e de uma compreensão mútua mais profunda[20]. Por isso, a conversa com o outro é o caminho adequado para lidar com

---

20. Cf. ibid., p. 354.

a nossa culpa. Na conversa, admito a minha culpa, mas ao mesmo tempo me distancio dela. Declaro minha prontidão a aceitar as regras básicas da comunidade humana.

> Numa conversa assim, posso fazer a experiência de que nada mais me separa do outro, porque não tenho mais nada a esconder. Tenho a vivência de que o outro vê a minha culpa e não fica aterrorizado, ou é tomado por aversão, ou faz uma represália, mas se apresenta a mim enquanto pessoa que conhece o que é humano[21].

Uma conversa saudável sobre a culpa e sobre os sentimentos de culpa é a Confissão, que é, desde a sua origem, um sacramento de libertação espiritual. Ela deve nos ajudar a libertar-nos de nossa culpa e de nossos sentimentos de culpa. Simplesmente não me torno livre de meus sentimentos de culpa quando alguém me diz: "Deixa pra lá. Isso não é tão ruim". Desse modo não me sinto levado a sério em meu sentimento de culpa. Tampouco ajuda quando alguém me diz: "Deus já te perdoou. Não pense mais nisso". Os sentimentos de culpa estão tão profunda-

---

21. WACHINGER, L. "Seelsorgliche Beratung und Begleitung bei Schuld und Schuldgefühlen". In: BAUMGARTNER, K. & MÜLLER, W. *Beraten und begleiten* – Handbuch für das seelsorgliche Gespräch. Friburgo im Breisgau, 1990, p. 244.

mente ancorados em nós que é necessário um ritual que penetre profundamente a nossa alma. C.G. Jung enfatizou isso diversas vezes. Sua ideia é que o homem sente-se excluído da comunidade dos homens em situações nas quais ele é realmente culpado. E sente-se dividido em si mesmo.

A pessoa não pode se libertar por si mesma dessa divisão interior. E somente uma indicação do perdão de Deus não costuma ser suficiente para que ela possa acreditar no perdão de Deus. O rito – essa é a ideia de C.G. Jung – consegue superar os impedimentos de nossa alma que tornam difícil para nós acreditar no amor compassivo de Deus. Em nosso inconsciente há barreiras contra a crença no perdão. Nele encontram-se ideias arcaicas de que a culpa nos arranca da comunidade dos homens e mesmo de nossa inserção na força acolhedora da natureza.

Para dissolver essas imagens arcaicas de nosso inconsciente é necessário um rito. O rito é suprapessoal. Ele é mais do que um pedido pessoal do sacerdote. No rito o sacerdote toma parte na força curadora da origem. Essa é a convicção de todas as religiões. É também a de C.G. Jung:

> Através do rito faz-se justiça ao aspecto coletivo e numinoso do instante, para

além do seu significado puramente pessoal[22].

A ideia de Jung é que a oração pessoal do sacerdote não é suficiente para quebrar a resistência contra o perdão que assenta-se profundamente em nosso inconsciente. Aí é necessário o rito, que comunica não só ao nosso entendimento e ao nosso sentimento, mas também à profundidade de nosso inconsciente, que somos aceitos sem restrições por Deus e que não precisamos mais apresentar a nossa culpa.

Mas esse rito também deve ser festejado de tal maneira que atinja as pessoas. Contar os seus pecados para um sacerdote desconhecido em um confessionário escuro, e obter assim a absolvição, não corresponde hoje, certamente, à nossa necessidade de sermos levados a sério. Por isso, a conversa confessional é, para muitas pessoas, mais útil. Numa conversa assim há tempo para falar sobre si, sobre a culpa e sobre os sentimentos de culpa.

Enquanto falo sobre o que me aflige, sinto-me já libertado. Então o padre pode ajudar-me a resolver algumas dificuldades. Trata-se sempre de encontrar um caminho para amadurecer interiormente e liber-

---

22. JUNG, C.G. *Briefe II*. Olten, 1972, p. 440.

tar-se dos velhos mecanismos que me impelem sempre para os mesmos erros. E então experimento na absolvição que Deus realmente me perdoou. A absolvição acontece normalmente através de um apertar de mãos. Assim posso vivenciar corporalmente que sou totalmente aceito por Deus e pelos homens. E assim torno-me capaz de me aceitar e de me perdoar. Uma das maiores carências de muitas pessoas é que elas não conseguem se perdoar. Elas se repreendem constantemente por seus erros e fracassos; assim não conseguem mais seguir em frente.

A confissão na qual eu sinto as mãos do padre sobre a minha cabeça e na qual ouço palavras com as quais ele me dá o perdão torna-me capaz de acreditar profundamente em meu coração: minha culpa está perdoada. Não preciso repreender-me constantemente em razão dela. Posso então perdoar a mim mesmo e deixar o passado para trás. A confissão quer exatamente nos libertar da atenção excessiva à culpa e aos sentimentos de culpa dos quais as pessoas tanto sofrem hoje em dia.

Paul Tournier, um psiquiatra cristão, escreveu um livro sobre sentimentos de culpa genuínos e falsos. Nesse livro ele narra um caso sobre um cliente com o qual falou sobre os seus sentimentos doentios de culpa. Ele conseguiu mostrar-lhe que esses sentimentos de culpa tinham origem em experiências do começo da infância. Mas ao longo da conversa ficou claro que o cliente era realmente culpado. Tournier falou-lhe sobre a graça de Deus que apaga toda culpa.

> A isso ele replicou: "Assim seria muito simples!" Pareceu-lhe impossível que Deus tirasse a sua culpa sem que ele precisasse pagar. Essa ideia de que tudo deve ser pago é muito teimosa e muito viva em nós, tão universal e inabalável quanto uma certeza lógica[23].

Para dissipar essa certeza interna é preciso ou o ritual ou as imagens que curam.

O ritual da Confissão deve ser completado por imagens curadoras e por rituais de cura que traduzam o ritual da Confissão no cotidiano. A imagem central da salvação e da absolvição da culpa é a imagem da cruz. Entretanto, nela não devemos ver tanto uma imagem dos pecados, mas antes uma imagem do amor de Jesus Cristo com o qual Ele nos amou perfeitamente. Assim interpretou a cruz o Evangelista João:

---

23. TOURNIER, P. *Echtesundfalsches Schuldgefühl*. Friburgo im Breisgau, 1967, p. 149.

> Tendo amado os seus que estavam no mundo, mostrou-lhes plenamente o seu amor (Jo 13,1).

E Jesus explicou sua morte na cruz com as palavras:

> Não há amor maior do que quando alguém dá sua vida por seus amigos (Jo 15,13).

Quando olho a cruz e reconheço nela o amor de Jesus com o qual Ele se entregou por mim, enquanto sou seu amigo ou enquanto sou sua amiga, então todas as autoacusações e depreciações podem dissolver-se. Tenho o sentimento: eu tenho valor. Jesus pôs sua vida em jogo por mim porque eu me amo e porque, para Ele, eu tenho valor. Assim reconheço meu próprio valor e abandono minha autodepreciação.

João entende o gesto da cruz como um gesto de abraço. Jesus diz diante de seu sofrimento:

> Quando eu for elevado sobre a terra atrairei todos a mim (Jo 12,32).

Jesus nos abraça na cruz, com todas as nossas contradições. É verdade que nós gostaríamos de ser somente bons, somente piedosos, somente espirituais, somente autocontrolados, somente afetuosos. Mas sempre temos em nós a atitude contrária: somos também maus, impiedosos, descontrolados e agressivos. Muitos sofrem consigo porque não correspondem à imagem ideal que têm de si. E assim se negam.

A cruz, na qual sinto-me abraçado por Jesus com todas as minhas contradições, pode ajudar-me a aceitar como realmente sou. Paul Tillich chama o perdão de "aceitação do inaceitável". Para Tillich, a cruz é o símbolo "que dá à pessoa a coragem de aceitar-se, ainda que tenha consciência de ser inaceitável"[24].

Desse modo, eu gostaria de propor a você um ritual que continue o ritual da Confissão na sua vida, um ritual que você sempre pode realizar quando não conseguir aceitar a si mesmo. Eu cruzo os braços sobre o peito. Assim, realizo de certo modo o gesto de abraço de Jesus na cruz. Porque eu sou abraçado por Jesus com minhas contradições na cruz, eu me abraço com minhas forças e fraquezas, com o que é saudável e doentio em mim, com o que é bem-sucedido e o que não é, com o vivido e o não vivido, com o

---

24. TILLICH, P. *Systematische Theologie II*. Berlim, 1979, p. 186.

que é vivaz e o que é estático, com o consciente e o inconsciente, com o claro e o escuro, com o bom e o mau, com minha virtude e minha culpa. Nesse gesto a cura de meus sentimentos de culpa pode acontecer. Porque sou aceito totalmente por Jesus posso aceitar-me a mim mesmo.

A imagem da cruz pode significar ainda outra coisa. Lucas desenha outra imagem da cruz. Ele descreve Jesus como aquele que perdoa na cruz mesmo os seus algozes. Reza na cruz por seus algozes:

> Pai, perdoa-lhes, pois eles não sabem o que fazem (Lc 23,34).

Quando Jesus perdoa mesmo os seus algozes, podemos acreditar que não há nada em nós que Deus não perdoaria. No Evangelho de Lucas Jesus diz ao criminoso que tinha uma grande culpa:

> Ainda hoje estarás comigo no paraíso (Lc 23,43).

Eis algumas palavras de esperança. Quando imaginamos a cena da cruz com essas palavras cresce em nós a esperança de morrer, apesar de toda culpa, no amor de Deus. A imagem segundo a qual Jesus anuncia para o criminoso o paraíso elimina qualquer medo de condenação. Mas não são palavras que justificam ou argumentam teologicamente. Tratam-se de palavras que tocam nosso coração para que nos tornemos livres, na profundidade de nosso coração, do medo da condenação que as ameaçadoras palavras de alguns pais e padres incutiram muitas vezes em nós.

Lucas descreveu a crucificação de Jesus como um espetáculo sagrado:

> E toda a multidão que se ajuntara a este espetáculo, vendo o que havia acontecido, voltava batendo no peito (Lc 23,48).

Ao olhar esse espetáculo entramos em contato com a própria alma e com nosso núcleo divino. Somos transformados interiormente. E, transformados, voltamos dos caminhos errados. Somos tocados no que há de mais íntimo pelo amor compassivo de Deus, visível na morte de Jesus. Isso elimina toda a angústia da culpa. Isso nos permite voltar para casa de cabeça erguida. É que, como o centurião, reconheceremos:

> Era realmente um homem justo (Lc 23, 47).

Ao olhar Jesus na cruz, que concretiza o ideal do homem justo tal como Platão o descreveu em

A república quatrocentos anos antes, nós mesmos seremos tornados justos, entramos em contato com a imagem do homem verdadeiro e justo que existe em nós.

A elaboração de ideias de sacrifício e de penitência

Em razão de experiências do começo da infância, duas ideias foram incutidas em muitas pessoas. Uma é a de que elas deveriam sacrificar-se pelos outros. Outra é a de que teriam de expiar em sua vida alguma coisa, o que às vezes é culpa própria ou culpa alheia.

Ambas as ideias têm aspectos totalmente positivos. No entanto, é muito comum que as duas levem a exigências exageradas de si mesmo, e assim ao envenenamento de Deus. É que Deus então é visto sobretudo como aquele a quem devo sacrificar minha vida e que não tem a menor consideração por mim e por minhas carências. Quando minha mãe dizia que oferecia sua doença como sacrifício por seus filhos e netos, queria expressar seu amor. Transformou o que a prejudicava em um ato de entrega e de amor. Esse sacrifício deu sentido à sua vida e ao seu sofrimento. E ela construiu assim em torno de si uma boa atmosfera. Não se lamentou por sua doença, mas a aceitou, entendeu e interpretou como uma expressão de amor por seus filhos. É um modo positivo de ver o sacrifício.

Mas há também um modo negativo. Nesse caso, as pessoas têm medo de satisfazer uma carência. Têm a impressão de que seria melhor sacrificar todas as suas necessidades a Deus; não satisfazê-las, mas recusá-las. Somente quando fizerem o maior número possível de sacrifícios poderiam satisfazer a Deus.

Essa imagem do sacrifício está associada à do esforço. Quanto mais eu sacrifico a Deus, maior é o meu esforço. Algumas pessoas acham que deveriam de certo modo pagar com seu sacrifício por sua culpa. Deveriam tirar com seu sacrifício algo de ruim do mundo. Alguns se identificam então com a imagem de vítima.

Essa imagem é apreciada principalmente pelas mulheres. Sacrificam-se pela família. O que é totalmente bom. É que elas se entregam aos filhos. Não dão atenção somente às suas próprias necessidades, mas empenham-se por seus filhos. Mas quando eu me identifico totalmente com a imagem da vítima, não noto como exerço poder por meio da imagem da vítima. Não se pode viver bem junto à vítima: a consciência sempre fica pesada quando se tem desejos próprios.

Verena Kast, uma psicóloga suíça, escreveu um livro com o título: *Despedindo-se do papel de vítima*. Nesse livro ela nos anima a despedir do papel de vítima. É que, enquanto vítimas, permanecemos em um papel passivo. Não vivemos nossa vida por nós mesmos, mas somos "vividos", permitimos que os outros vivam por nós. E o paradoxo consiste em que a vítima também pode se transformar em malfeitor. Isso vale não só para vítimas de abuso, que muitas vezes transformam-se em criminosos e abusam sexualmente de outras pessoas. Isso vale também para o papel de vítima que assumimos em um grupo.

Um terapeuta contou-me que uma colega de sua equipe sentia-se sempre como vítima. No seu papel de vítima ela domina todo o grupo. Transmite sentimentos de culpa para os outros membros da equipe. São culpados de que tudo seja tão ruim para ela. Mas eles não dão um passo sequer no sentido de fazê-la sair do seu papel de vítima.

Frequentemente algo semelhante ocorre na família. Quando uma mãe se sacrifica pela família, mas, ao mesmo tempo, sente-se como vítima que tem a obrigação de arrumar tudo o que os outros deixam espalhado, ela paralisa os filhos e o marido. Assim, ela exerce um poder negativo sobre os outros.

O papel de vítima é um papel passivo. Devemos nos despedir desse papel passivo para assumir o controle de nossa própria vida e determiná-la. Por isso Verena Kast escolheu este subtítulo para o seu livro: "Viver a própria vida".

Verena Kast descreve dois perigos para as pessoas que se identificam com o papel de vítima. Por um lado elas costumam se identificar com o agressor, isto é, com aquele que fez delas vítimas. No entanto, na identificação com o agressor elas se afastam do próprio Eu.

> Se a gente se identifica com o agressor, então se identifica com uma força que não pertence à própria personalidade. É uma força emprestada[25].

E isso afasta a pessoa cada vez mais de seu verdadeiro Eu.

O outro perigo é a fuga para a grandiosidade. A identificação com grandes ideias é, para algumas vítimas, o único caminho para sobreviver, sobretudo quando não recebem nenhuma ajuda de outras pessoas. Idealizam então a sua posição de vítima.

---

25. KAST, V. *Abschied von der Opferrolle* – Das eigene Leben leben. Friburgo im Breisgau, 1998, p. 86.

Nessa situação, diz-se por exemplo: Eu tenho uma problemática tão difícil que ninguém ousaria se aproximar dela; só eu posso suportá-la, sozinho[26].

Quem se tornou vítima precisa muitas vezes dessas grandes ideias "para estabilizar, pelo menos provisoriamente, a sua autoestima"[27].

Entretanto, ao mesmo tempo, esconde-se nessa idealização de posição de vítima o perigo de não querer mais sair do papel de vítima, assentando-se nele. É verdade que temos bastante autocomiseração por nós mesmos, mas, na realidade, sentimo-nos perfeitamente bem nessa posição. Nela encontramos pelo menos nossa grandiosidade. A autocomiseração nos impede de despedir desse papel grandioso de vítima e começar uma modificação interior. Para isso precisaríamos de uma genuína compaixão, que é diferente de autocomiseração.

Verena Kast aconselha que eu saia do papel passivo de vítima determinando ativamente a própria vida. Faz parte dessa determinação que se sacrifique ou conceda alguma coisa. Em vez de permanecer no

---
26. Ibid., p. 89.
27. Ibid., p. 90.

papel de vítima se deveria sacrificar ativamente alguma coisa. Sacrificar nesse sentido significa "abrir mão voluntariamente de alguma coisa a serviço de uma ideia superior ou de um valor superior"[28].

Falamos a respeito de vítima de abuso. Essas pessoas foram realmente vítimas de criminosos que satisfizeram a sua sexualidade reprimida nelas e, assim, as feriram profundamente. É importante que demos às vítimas uma voz e que nos dediquemos a elas.

É um anseio originário do homem que os malfeitores não triunfem sobre as suas vítimas, assim diz o filósofo Max Horkheimer. Mas na terapia da vítima é também um passo essencial sair do papel de vítima. Devo reconhecer que tornei-me uma vítima. É um reconhecimento doloroso. Mas não posso permanecer para sempre nesse papel, pois quando permaneço no papel de vítima continuo dando ao malfeitor o poder sobre mim. Continuo sendo a vítima. Eu era a vítima e isso causava um infinito sofrimento. Enquanto vítima não pude me defender. Estava impotente. Mas agora eu não sou apenas uma vítima, sou também uma pessoa que é capaz de distanciar-se do que aconteceu. Para poder sair do papel de víti-

---

28. Ibid., p. 187.

ma preciso principalmente de raiva. Na raiva lanço para fora de mim quem me feriu tão profundamente. Distancio-me de mim. Liberto-me do poder que essa pessoa, enquanto malfeitora, tinha sobre mim e metamorfoseio a raiva na ambição de me erguer e de lutar por mim e por minha vida.

A raiva torna-se então uma força ativa que me capacita a desprender-me do malfeitor e viver a minha própria vida. Ela é a força que me ajuda a me libertar do papel de vítima.

Enquanto vítima, sou passivo. Assim, é um importante elemento da terapia que eu entre em contato com as forças ativas de minha alma. São as forças agressivas que me desprendem do malfeitor e me protegem dele. Não dou a ele mais nenhum poder sobre mim. Mas eu devo também aproximar-me das forças espirituais. A força espiritual é a força divina que me penetra. Quando deixo que ela penetre em mim, ela protege-me contra as energias negativas que ainda estão em mim em função da minha ferida.

No ano 2000, um grupo de teólogos e teólogas evangélicos reuniu-se para discutir sobre o conceito de vítima/sacrifício. Aí se tornou claro o quanto hoje é difícil lidar adequadamente com essa imagem.

No alemão há apenas um conceito para vítima/sacrifício (*Opfer*). O francês conhece dois conceitos: *victime* e *sacrifice*. *Victime* é a vítima que é feita vítima por outro, que sofreu uma profunda ofensa. *Sacrifice* significa, ao contrário, o sacrifício ativo. Eu sacrifico alguma coisa. Sacrifico meu amor, minha força, meu tempo pelos outros[29]. Em alemão usa-se nesse caso a palavra entrega (*Hingabe*).

Pascal Bruckner, um filósofo francês, diz que uma característica de nosso tempo é a vitimização. Esta é a atitude na qual eu me sinto sempre como vítima: a culpa das minhas misérias é sempre do outro. Essa atitude faz com que as vítimas se tornem agressores. Acusam os outros da culpa das coisas ruins que lhes acontecem. Bruckner acha que na América a *vitimology* (vitimologia) se tornou uma epidemia nacional"[30]. Todos podem sentir-se vítimas. John Taylor define a condição para tornar-se uma vítima da seguinte maneira:

> A pessoa só precisa afirmar que tem um direito e demonstrar que foi pri-

---

29. Cf. LUIBL, H.J. & SCHEUTER, S. *Opfer* – Verschenktes Leben. Zurique, 2001, p. 12.
30. BRUCKNER, P. *Ich leide, also bin ich - die Krankheit der Moderne* – Eine Streitschrift. Weinheim, 1996, p. 136.

vado dele; assim ganha o *status* de vítima[31].

Isso não é válido somente a propósito de indivíduos, mas também a propósito de grupos. Bruckner quer dizer que hoje "toda minoria, para defender as suas conquistas, se faz de mártir da comunidade"[32]. Bruckner imagina o homem do futuro, que é determinado pela mentalidade de vítima, da seguinte maneira: "um bebê velho e chorão, que tem um advogado ao lado para apoiá-lo. O que nos espera no futuro talvez seja a aliança de bebês senis, que somos nós, com o clero barulhento dos juristas"[33]. O perigo é que as pessoas se esforcem para serem vistas como vítimas:

> Quando é suficiente dizer que se é vítima para ter razão, todos irão se empenhar para alcançar essa posição agradável[34].

Naturalmente é necessário ter muito cuidado com essas afirmações para não difamar as verdadeiras vítimas. Quem é vítima de um abuso espiritual ou sexual acaba sendo machucado por tais afirmações.

---

31. TAYLOR, apud BRUCKNER, P. *Ich leide, also bin ich...* Op. cit., p. 137.
32. Ibid., p. 140.
33. Ibid., p. 145.
34. Ibid., p. 150.

Regine Munz diz que a discussão puramente conceitual sobre o conceito de vítima não adianta. Nós deveríamos compartilhar histórias.

> Quando uma pessoa que sofreu violência começa a contar como entrou nessa situação e como lidou com ela, e expressa nesse contexto que ela ao mesmo tempo é vítima e malfeitor, então as coisas são bem diferentes. Por isso eu digo que esses pontos delicados são melhor trabalhados com uma história do que com formulações conceituais[35].

É certo que precisamos ter cuidado quando dizemos que vítimas também podem ser malfeitores. Mais importantes do que uma mera afirmação seriam as histórias que mostram a ambivalência de vítimas e malfeitores. Desse modo não julgamos. Quando ouvimos uma história entramos na história. Sentimo-nos surpreendidos, mas também compreendidos. E quem se sente compreendido pode admitir sua própria ambivalência.

Histórias sobre como as pessoas se tornaram vítimas e vitimaram outras pessoas nos foram conta-

---

35. MUNZ, R. "Feministich theologische Opferkritik – Thesen". In: LUIBL, H.J. & SCHEUTER, S. *Opfer* – Verschenktes Leben. Zurique, 2001, p. 22.

das pelo psicanalista alemão Arno Gruen, da época do Terceiro Reich. Todos os homens poderosos do Terceiro Reich foram alienados de seu próprio eu e mantiveram sua alienação na medida em que combateram outros e reprimiram seus sentimentos relativos à dor e à compaixão.

Quando a dor é grande demais para a criança, isso faz com que "a vivência da própria vitimização converta-se em uma busca por outras vítimas, com o objetivo de dominar a dor cujas fontes não podem ser reconhecidas"[36]. Nos exemplos que Arno Gruen nos conta notamos o quanto seria importante admitir a própria vitimização para poder se libertar da tendência de vitimar outras pessoas.

A evangélica e filósofa da religião Ellen Strubbe diz que hoje nos defrontamos com perplexidade com o fenômeno do sacrifício. A maioria das pessoas associa o sacrifício ao masoquismo ou à autopunição:

> O sentido mais profundo do sacrifício permaneceu o mesmo desde tempos imemoriais até hoje: ele é um símbolo da circunstância de que nós não vivemos (podemos viver) por nós ou para nós,

---

[36]. GRUEN. A. *Der Fremde in uns*. Stuttgart, 2002, p. 85.

sem nos esforçarmos por uma re-ligação (*re-ligio*), para que nós e outros possamos continuar a viver[37].

Ainda que o conceito de sacrifício seja usado hoje de tantas maneiras e, muitas vezes, de modo confuso, não podemos ignorá-lo. O sacrifício pertence essencialmente ao homem. Somente quando as pessoas estão dispostas a se sacrificarem pelas outras é que a vida tem sucesso. Hoje em dia preferimos falar de entrega em vez de sacrifício. As pessoas vivem graças à entrega de outras pessoas. Quando não se dá nada, nada é recebido. Receber e dar envolvem sacrifício.

Eu gostaria de resumir minha compreensão sobre a vitimização nas seguintes palavras: muitas vezes somos vítimas de violência, de abuso, de prejuízo. Devemos aceitar esse fato, mas não podemos permanecer no papel de vítima. Devemos refletir sobre como aceitar o fato de sermos vítimas e trabalhar também para sair do papel de vítima assumindo a responsabilidade pela nossa vida. Nestas frases falei da vítima somente enquanto vítima passiva.

---

37. STUBBE, E. "Religionspsychologische Anmerkungen zum Opfer". In: LUIBL, H.J. & SCHEUTER, S. *Opfer* – Verschenktes Leben. Zurique, 2001, p. 54.

Ao sacrifício pertence também a capacidade de sacrificar algo ou de sacrificar-se. Esse conceito deve ser liberado de pensamentos utilitaristas. Não temos o dever moral de sacrificar nada. Deus não precisa de nossos sacrifícios. Os profetas mostraram isso claramente. Mas é característico de uma pessoa que ama o fato de que ela sacrifica algo, o fato de que ela sacrifica seu tempo pelas pessoas que ama, o fato de que ela sacrifica seu ego para que o amor flua através dela.

O decisivo é que não nos identifiquemos nem com o papel passivo de vítima (*victime*) nem com o sacrifício (*sacrifice*). Quem se identifica com o seu papel de vítima permanece continuamente no seu papel de acusador. Sente-se prejudicado e sente que tem o direito de que a sociedade lhe dê razão. As vítimas transmitem para o seu entorno o sentimento de que elas estão sempre certas. Culpados são sempre os outros. Essa identificação com o papel passivo de vítima propaga uma radiação negativa para o entorno. Dessas vítimas sempre surgem acusações e declarações de culpa.

Tão perigoso quanto isso é a identificação com o sacrifício ativo. Sou aquele que sempre se sacrifica pelos outros e se entrega. Desse modo me dou o direito de receber alguma coisa em troca. Sacrifico alguma coisa para obter outra. A melhor maneira de descrever a identificação com o papel ativo no sacrifício é por meio da vítima de sacrifício. Quem se compreende como uma vítima de sacrifício, que se sacrifica constantemente pelos outros, transforma-se em um agressor que irradia uma atmosfera de negação da vida.

Para mim, a espiritualidade é um caminho importante para lidar com a minha experiência de vítima, de maneira a libertar-me do mecanismo de ter de me sentir sempre como vítima ou vitimar os outros. Gostaria então de descrever a espiritualidade como um caminho para processar o abuso sexual de maneira a libertar-me do papel de vítima.

A espiritualidade não significa para mim somente entrar em contato com a força espiritual; ela é também um caminho para o espaço interior de silêncio no qual Deus habita em mim. Em minha opinião este consiste num caminho importante de terapia do abuso sexual, que é uma ferida muito profunda. Ela penetra nas profundezas da alma e transmite a muitas pessoas o sentimento de que todo o seu corpo e principalmente a sua sexualidade são sujos. Por isso, é útil ter presente que no fundo de nossa alma há um espaço de silêncio. É o espaço sobre o qual Jesus diz:

> O Reino de Deus está no meio de vós (Lc 17,21).

O lugar em mim em que se encontra o Reino de Deus é onde estou livre das pessoas, de suas palavras e opiniões. Lá estou livre do falatório malicioso dos agressores e bisbilhoteiros curiosos que veem de fora a minha ferida para satisfazer a sua avidez. Lá sou saudável e pleno.

A agressão sexual atinge-me profundamente, mas ela não pode alcançar o espaço interior de minha alma. O fundo de minha alma não é agredido, ele permanece saudável e pleno. Nesse espaço interior do silêncio, no qual Deus habita em mim e ao qual nenhuma pessoa tem acesso, posso refugiar-me para descansar e encontrar lá a minha própria identidade.

Na terapia de sonhos escolhe-se um lugar de proteção e de abrigo no qual pode se recolher. Podem ser lugares exteriores ou lugares da fantasia. O caminho espiritual quer nos conduzir para o espaço interior do silêncio. Lá há um abrigo, um lugar de cura no qual estamos protegidos e nos sentimos saudáveis e plenos.

Muitas vítimas de abuso têm problemas para encontrar sua própria identidade. Quem sou eu? Sou apenas uma vítima? Sou apenas um rapaz que foi abusado, uma moça que foi abusada, uma mulher que foi estuprada? No espaço do silêncio, no qual Deus mesmo habita em mim ou, como dizem os místicos, no qual Deus nasceu em mim, entro em contato com a imagem originária e genuína, intocada e autêntica, que Deus fez de mim. Não preciso me afirmar. Não preciso olhar minha ferida. Lá só preciso ser. Lá sou apenas eu mesmo. O brilho originário da imagem divina reluz em mim. Essa imagem intocada no fundo de minha alma me dá, em meio à minha dor, sossego e liberdade.

Nesse lugar, onde o Reino de Deus existe em mim, não tenho culpa. A esse lugar os sentimentos de culpa não têm acesso. O núcleo mais interior é claro e puro, sem mácula. Junto de pacientes em casos extremos tenho muitas vezes a impressão de que eles têm medo de voltar-se para dentro e alcançar o fundo da alma. É que eles têm o sentimento de que são maus lá no fundo. Por isso precisariam se esquivar de si mesmos. Saber que meu núcleo mais interior é puro, claro e sem culpa é a condição para que eu possa desenvolver a minha própria identidade.

O meu Eu verdadeiro não foi prejudicado pelo abuso. Lá, no fundo da alma, as autocríticas não podem entrar. Lá se dissipa também o sentimento de estar sujo, que muitas vítimas de abuso sentem em si. Sou verdadeira e totalmente puro e claro, livre e sem mácula.

No lugar onde o mistério de Deus habita em mim posso sentir-me em casa. As vítimas de abuso sentem-se muitas vezes desabrigadas. O amor que sentiram às vezes pelo agressor mostrou-se, em razão do abuso, não confiável e frágil. Não podem mais confiar no amor. O fundo mais íntimo de sua alma é um espaço no qual Deus, o mistério, habita nelas. As pessoas só podem sentir-se em casa onde o mistério habita, onde habita algo que é maior do que elas mesmas. E esse espaço é um espaço de amor. É que Deus mesmo é o amor. Amor aqui é mais do que um sentimento, é uma qualidade do ser. O que é mais íntimo em mim é o amor. E a destruição do amor causada pelo abuso que sofri não pode eliminar esse amor no fundo da minha alma, pois lá o amor divino é mais forte do que todo amor humano. E eu posso sentir em mim o efeito desse amor. Esse amor cunha o que é mais íntimo em mim, ele constitui o meu ser mais íntimo. Nada pode separar-me desse amor; nenhum prejuízo pode afastar-me dele.

A mitologia conhece o motivo da criança divina abandonada. É o que nos foi contado sobre Jesus, mas também sobre Moisés, Édipo, Krishna, Perseu, Siegfried e Buddha. Jesus, quando criança, teve de fugir para o estrangeiro, para o Egito, porque estava sendo perseguido por Herodes. Todas as outras crianças divinas foram perseguidas e afligidas por inimigos.

John Bradshaw descreve o destino da criança rejeitada nos seguintes termos:

> A criança rejeitada é forte e vívida. É uma criança fora do comum. Por isso ela representa uma ameaça. Com o tempo, a criança descobre que é extraordinária. Quando é grande e forte o suficiente, chegou a sua hora. E essa força apoia-se sobre o reconhecimento paulatino pela criança de quem ela realmente é[38].

Quando a vítima de abuso ocupa-se com a criança divina rejeitada, ela descobre sua própria vocação e sua dignidade divina. Isso lhe dá força para des-

---

38. BRADSHAW, J. *Das Kind in uns* – Wie finde ich zum ir selbst. Munique, 1992, p. 356.

prender-se do papel de vítima e assumir o controle de sua própria vida.

Na mitologia, a criança divina sempre tem uma missão para com os homens. Jesus, criança divina, tem a missão de anunciar a Boa-nova de que o Reino de Deus está perto de nós e em nós. Assim, as pessoas que sofreram abuso costumam ver como sua missão a tarefa de acompanhar outras pessoas no seu caminho de cura e oferecer-lhes um espaço protegido no qual elas podem falar abertamente sobre suas experiências.

A cura da decepção com Deus e com a Igreja

Muitas pessoas identificam a decepção com padres, bispos e ministros ou agentes pastorais com a decepção com Deus. Se um padre as decepciona, começam a achar difícil confiar em Deus.

Mas a decepção com Deus e a decepção com os homens são coisas fundamentalmente diversas. Quando me decepciono com uma pessoa posso abandonar essa pessoa. Estou decepcionado com esse padre; então acho difícil desenvolver confiança em outros padres. Mas muitas pessoas conseguem distinguir a decepção com um padre de todas as boas experiências que tiveram com outros padres. Aí elas se distanciam desse padre, mas não param de confiar na Igreja, pois confiam em outros padres. Permanecem fiéis à Igreja, pois este ou aquele padre, esta ou aquela pessoa responsável pela cura de almas está na Igreja e permanece nela.

Um caminho para lidar com a decepção quanto às pessoas envolve a percepção consciente do engano: enganei-me em relação a essa pessoa. Confiei muitas coisas boas a essa pessoa, mas ela não correspondeu ao que fiz, não fez jus à minha confiança.

Aí eu posso afastar-me dessa pessoa, mas não abro mão de minha confiança em Deus. Posso distinguir entre homens e Deus, entre a Igreja e os representantes particulares da Igreja. O que é importante é ver a decepção realisticamente. Fiquei decepcionado com algumas pessoas, mas não generalizo essa decepção e não a projeto sobre todos os padres e ministros.

Muitos cristãos não podem mais ir à missa quando ela é celebrada pelo padre que as decepcionou, mas elas não param de ir à missa. Procuram outras paróquias nas quais se sintam em casa. O padre que decepciona uma pessoa pode roubar-lhe totalmente o seu bem-estar nessa paróquia, na qual, por muito tempo, essa pessoa sentiu-se em casa. Mas ele não pode tirar-lhe a Igreja enquanto pátria.

Ainda acho que a Igreja pode oferecer lugares nos quais posso sentir-me em casa. Entretanto, muitos cristãos desistem dessa busca quando não se sentem em casa porque o padre não gostou de sua colaboração ou porque foram feridas por alguém ou expostas publicamente.

Para alguns cristãos as decepções com padres, com pessoas da paróquia e com bispos se acumularam de tal maneira que eles ficam decepcionados com a Igreja. Não veem mais nada de bom na Igreja. Tudo nela estaria condenado.

Nesse caso também seria bom admitir o engano: sim, a Igreja não é santa, não é uma comunidade perfeita. Ela está cheia de pessoas que gostariam de usar sua espiritualidade para exercer poder sobre os outros. Em círculos mais amplos vejo um entorpecimento. Consentir nisso é algo que faz mal. Eu devo lamentar isso. Aí então eu reconhecerei através da dor que Jesus confiou o tesouro de sua mensagem e seu amor a homens fracos.

A Igreja primitiva já estava envolvida em disputas. E, apesar disso, Deus não parou de influenciar os homens, a despeito das disputas, dos defeitos humanos e das mesquinharias. Quando reflito sobre isso não me coloco acima da Igreja. Vejo-a como espelho para mim mesmo. Eu também quero ser espiritual. Mas, na minha espiritualidade, se insinuaram muitos motivos colaterais: necessidade de poder, de aceitação, vaidade, o anseio de ser especial, a fuga de certos conflitos, e assim por diante.

Quando vejo a Igreja como um espelho para mim mesmo, torno-me modesto e humilde. Assim pode crescer novamente em mim a esperança de que

Deus produza em mim, e também na Igreja, novos ressurgimentos e mantenha viva, apesar de toda a limitação humana, a sua mensagem de salvação e redenção.

É mais difícil lidar com a decepção quanto a Deus. Quando estava doente e carente, rezei a Deus, fui à igreja todo domingo. Mandei rezar missas em meu próprio interesse, mas Deus parece ter se escondido. Nada faz sentido. Mandei meu carro ser abençoado por um padre, e foi exatamente com esse carro que eu sofri um acidente e sofro, desde então, com as consequências. Deus, em quem depositei uma esperança e uma confiança tão grandes, desapontou-me...

Nesse caso, o primeiro passo é também observar o engano de minha imagem de Deus. Não foi Deus que me decepcionou; a imagem que eu tinha de Deus é que estava errada. Projetei alguma coisa em Deus que não corresponde à sua essência. Talvez eu o tenha restringido demais: à imagem do bom Pai que deve cuidar de seus filhos, que não pode permitir que seus filhos sofram.

Devo despedir-me dessas imagens que eu tinha a respeito de Deus. Essa despedida é dolorosa. É que toda a minha vida religiosa foi determinada por essa imagem de Deus. Agora tudo desmorona de uma vez só. Devo lamentar o fato de essa imagem sobre Deus não se ter provado correta. Mas seria importante não jogar fora todas as imagens sobre Deus ou afastar-me definitivamente dele.

Tudo depende do desenvolvimento de outras imagens sobre Deus, imagens essas que correspondam mais à minha experiência. E tudo depende da descoberta de que Deus, que está por trás de todas as imagens, não é captado totalmente por nenhuma de minhas imagens.

Minhas imagens positivas sobre Deus também não correspondem à verdadeira essência dele. Talvez elas se aproximem mais de Deus do que as imagens anteriores, mas Ele está acima de todas as imagens. A decepção nos desafia a não desviar os olhos do Deus inexplicável, a não desistir de Deus, a nos despedirmos de nossas imagens sobre Ele, procurarmos novas imagens e, ao mesmo tempo, as relativizar.

Em vez de só fixar-me em minha decepção eu deveria perguntar-me: Como posso conciliar a experiência da doença, do acidente ou do infortúnio com Deus? Que imagem sobre Deus se forma então em mim? Em outras palavras, como posso interpretar a minha decepção de maneira a não negar Deus, mas sim abrir-me a uma nova imagem sobre Ele?

Quanto mais abandono minhas imagens sobre Deus, mais Deus se revela para mim como o mistério inexplicável. Mas o Deus inexplicável é, acima de tudo, Amor, um amor inexplicável, que está além de todas as minhas ideias sobre o amor.

Deus está ausente
Como encontro Deus em minha vida?

A ofensa causada pela Igreja e a decepção a respeito dos seus representantes atingem algumas pessoas. Mas a maior parte delas tem a ver com questões sobre Deus totalmente diferentes. Muitas pessoas perguntam onde poderiam encontrá-lo. Anseiam por Deus. Elas pressentem que a relação com Ele é algo que lhes faria bem. Mas não sabem como experimentar Deus ou como procurá-lo. Muitas vezes essas pessoas não tiveram experiências ruins quanto à Igreja porque não têm muito contato com a Igreja. Não tiveram experiências positivas nem negativas quanto à Igreja. Estão abertas para Deus, mas não o encontram, e esperam de pessoas espirituais uma ajuda na sua busca por Deus.

Em minhas conferências as pessoas me perguntam às vezes: "O que devo dizer ao meu amigo que simplesmente não percebe Deus? Ele não consegue acreditar em Deus. Ele gostaria de experimentá-lo, mas não o experimenta. Pergunta-me como é ter a experiência de Deus". Por isso, aconselho você, querida leitora, querido leitor, a observar estes quatro caminhos:

1) O primeiro caminho tem a ver com a interioridade: olhe para dentro de si. Então você encontrará os seus pensamentos e sentimentos, a raiva e o medo, a inveja e o ciúme, os sentimentos de culpa e a sensação de que algo na sua vida não está certo. Entre cada vez mais profundamente em seus pensamentos, até que alcance o fundo de sua alma. Talvez você se pergunte onde está o fundo da alma. Você pode senti-lo lá onde tudo o que está em você é silencioso, onde tem o sentimento de ter alcançado um fundo em sua alma, além do qual é impossível ir. Lá você tenta descansar e pensar que, nesse lugar silencioso, você alcançou finalmente o fundamento do ser: Deus. Não posso mais imaginar Deus, mas eu o sinto como o fundamento de tudo.

2) Um segundo caminho poderia ter as seguintes características: ponha as suas mãos, querido leitor, querida leitora, no seu peito, e sinta o calor que surge nas mãos vindo dele. Sinta o anseio que emerge em você a partir desse calor. Talvez seja o anseio pelo amor, pelo repouso, pela feli-

cidade, pela paz, pela satisfação. Esse anseio você pode sentir. No anseio por Deus, Ele está presente. Sinta o rastro de Deus no seu anseio. Você não pode sentir Deus diretamente, mas pode perceber o rastro dele em seu coração. Confie nesse rastro no qual você toca um pouco de Deus.

3) Um terceiro caminho ocorre do seguinte modo: olhe a natureza. Observe as flores no prado. O que vê? Você vê somente um prado colorido ou vê a beleza, simplesmente? O que é a beleza, o que é a vida? Sinta a profundidade da natureza. Assim você entra em contato com uma vivacidade que penetra todas as coisas, com um espírito divino que preenche toda a natureza. Na natureza você toca o intocável, na natureza você vê o invisível, ouve o inaudível.

4) Um quarto caminho é assim: ouça uma música de Mozart e Bach! O que você ouve quando ouve a frase lenta do concerto para clarinetes em lá maior de Mozart? O que você ouve quando ouve o coral de Bach "Jesus continua sendo minha alegria"? Você não ouve através da música o

mistério inaudível de Deus? Não soa em sua alma algo que não pode ser explicado, que é maior do que qualquer interpretação da música? Quando você se deixa tocar realmente pela música, intui algo que é maior do que você mesmo. Então tem uma intuição de Deus. Ouça com toda a atenção o *Agnus Dei* da missa de coroação de Mozart. Ele tem a mesma melodia que a ária de amor da condessa da ópera *As Bodas de Fígaro*, de Mozart. Nessa melodia o amor é audível. Nela o amor humano se funde com o amor divino. Quando você vai até o fundo do amor, toca por meio do seu amor humano, com toda a paixão, o amor de Deus.

Estes quatro caminhos não podem "atrair magicamente" Deus ou garantir uma experiência dele. Não é todo caminho que é possível para as pessoas. Para cada um há algumas áreas que atingem mais a profundidade de seu coração. Mas quando chega ao fim do caminho no qual o seu coração é tocado, concernido, aberto, você chega a um ponto em que está aberto para algo que está muito além de si mesmo. Aí você sente algo de Deus.

Não podemos encaixar Deus em nossos conceitos estreitos nem podemos forçá-lo a aproximar-se por meio de métodos como meditação ou reflexão, mas podemos nos abrir para o inexplicável, para o indescritível, para o mistério.

Quando você intui o mistério que vem ao seu encontro nas outras pessoas, e que resplandece na natureza, então intui Deus. Mais do que uma intuição sobre Deus não podemos ter. Mas isso já é muito.

Não podemos demonstrar para os outros, a partir de uma posição segura, que Deus existe e está sempre presente junto de nós, mas podemos ajudar o outro no seu caminho em busca de Deus. Nós, que acreditamos, não estamos acima dos que não têm fé. Somos solidários com eles na busca. Damos as mãos a eles para seguir juntos um caminho que leve à experiência e à intuição de Deus. Trocamos experiências sobre o silêncio, a música, a natureza e o encontro para intuir nessas experiências o que não pode ser experimentado. A cada vez, interpretaremos nossas experiências de outra maneira. Como pessoa de fé, interpreto minhas experiências com a natureza, a música ou a arte como experiência de Deus. Outro as interpretará com o fato de alguém ter sido tocado por algo maravilhoso. Mas, nesse momento, nos aproximamos bastante.

Mesmo os ateus têm tais experiências. Eles só as interpretam de outro modo. André Comte-Sponville, que se declara ateu abertamente, relata uma experiência que teve, quando tinha vinte e cinco anos, ao passear por uma floresta à noite:

> Não pensava em nada. Eu olhava. Eu escutava. A mata negra ao meu redor. A assombrosa força iluminadora do céu. O silêncio cheio de ruídos da floresta: o estalido dos ramos, os sons dos animais, o ruído surdo de nossos passos... tudo isso tornava o silêncio ainda mais audível. E subitamente... O quê? Nada. Tudo! Nenhum discurso. Nenhum sentido. Sem perguntas. Só espanto. Uma certeza. Uma felicidade que parecia infinita. O céu estrelado sobre mim, imensurável, insondável, radiante, e em mim somente esse céu do qual eu era parte; em mim somente o silêncio, a luz, como um tremor de felicidade[39].

O ateu interpreta essa experiência, que ele chama de mística, como unidade com o cosmo. Nós,

---

39. COMTE-SPONVILLE, A. *Woran glaubt ein Atheist?* – Spiritualität ohne Gott. Zurique, 2009, p. 183.

cristãos, diríamos: nós nos unimos não só ao mundo, mas também ao seu fundamento, que é Deus. É apenas uma questão de interpretação. Ateus que estão abertos para o mistério também têm, evidentemente, experiências espirituais. O que importa é ir até o fundo dessas experiências. Então intuímos Deus, o fundamento de todo ser, o mistério absoluto de Deus, que penetra e perpassa tudo.

Tilmann Moser escreveu uma resposta às suas próprias reflexões, vinte e sete anos depois do seu sensacional e provocante livro *O envenenamento de Deus*: *Do envenenamento de Deus para um Deus suportável*. Neste, ele fala sobre o sentimento de devoção. Constata esse sentimento já na infância e o descreve assim:

> As pessoas falam de uma tempestade, de uma inundação e de um sentimento intenso que produz plenitude. Não me parece improvável que em todo sentimento forte esteja contido um acréscimo de devoção, porque devoção e autoconsciência estão ligadas estreitamente com uma terceira coisa[40].

---

40. MOSER. T. *Von der Gottesvergiftung zu einem erträglichen Gott...* Op. cit., p. 29.

Por "terceira coisa" entende-se Deus. A devoção surge muitas vezes a partir da experiência da acolhida materna: "é no entusiasmo silencioso ou vivaz da criança pela mãe e por seu significado que a mãe convence a criança paulatinamente a acreditar"[41]. A devoção que a criança experimenta junto da mãe a torna receptiva para Deus.

Esse sentimento de devoção pode ser sentido por um paciente na terapia ou na missa, no contato com a mãe natureza e com pessoas maternais ou paternais. Tais experiências de devoção são o lugar no qual podemos falar de experiência de Deus.

Obviamente o lugar da devoção pode ser mal utilizado. Para Moser, esse lugar é envenenado quando os pecados e a culpabilidade do devoto prevalecem sobre a devoção, que transmite aconchego e compreensão. Mas, na busca por Deus podemos seguir também o caminho terapêutico da devoção. Todos sabem o que é devoção: é ser tomado por algo que me diz respeito profundamente.

Com esse conceito de devoção Moser se aproxima daquilo que o teólogo evangélico Paul Tillich expressou:

---

41. Ibid., p. 31.

> Deus é o que me toca sem nenhuma restrição.

Moser diz que esse é o caminho que leva de uma imagem neurótica sobre Deus para "um Deus cuja voz diz: você é bem-vindo ao mundo e é uma pessoa de valor, ainda que muitas circunstâncias tenham feito você duvidar profundamente disso. E isso é mais do que um Deus apenas suportável"[42]. Tilmann Moser mostra que hoje a psicoterapia está totalmente aberta para a dimensão religiosa.

> Devoção e espiritualidade são capacidades preciosas do homem para transcender a si mesmo e a complicações terrenas[43].

Para Tilmann Moser, a psicologia de C.G. Jung é demasiado imprecisa. Mas, apesar disso, a psicologia junguiana foi muito útil para mim não só para reconhecer a relevância curadora da minha própria fé, mas também para chamar a atenção das pessoas para a dimensão religiosa. A psicologia junguiana pode ajudar precisamente aquelas pessoas que buscam, que perderam Deus de vista – mas ainda assim anseiam por Ele – a encontrar um caminho em sua

---

42. Ibid., p. 40.
43. Ibid., p. 42.

direção. Jung disse certa vez, quando lhe perguntaram se ele acreditava em Deus:

> Não creio, eu sei.

Quando falaram com ele sobre essa resposta, ele a justificou em uma carta:

> Quando digo que não preciso acreditar em Deus, pois eu "sei", quero dizer que sei da existência das imagens sobre Deus em geral e em particular. Sei que se trata de uma experiência universal, e como não sou exceção, sei que também possuo uma tal experiência que chamo Deus[44].

Quando perguntaram-lhe por que ele chamava esse "algo" de Deus, Jung respondeu:

> Por que não? As pessoas sempre o chamaram de "Deus". Um nome distinto e realmente muito adequado[45].

Em outra carta, C.G. Jung descreve mais detalhadamente a sua experiência de Deus:

> Sei que sou confrontado manifestamente por uma grandeza desconhecida em si, que eu *in consensuomnium*[46] chamo de

---
44. JUNG, C.G. *Briefe III*. Olten, 1973, p. 274.
45. Ibid., p. 274.
46. Em latim: segundo o consenso de todos [N.T.].

"Deus". Lembro-me dele, invoco-o quando me utilizo de seu nome... É uma designação adequada para todas as emoções dominantes em meu sistema psíquico, emoções que dominam a minha vontade consciente e apoderam-se de mim... Na medida em que a origem desse poder do destino escapa à minha influência, chamo-o, tanto em seu aspecto negativo quanto em seu aspecto positivo, para corresponder à tradição, "Deus". Chamo-o de "Deus pessoal", pois o meu destino em sentido próprio apresenta-se para mim mesmo, sobretudo, quando aquele poder, sob a forma de consciência, se dirige a mim como uma *vox Dei*[47], com a qual eu posso falar e discutir[48].

Esses pensamentos de C.G. Jung possibilitam que algumas pessoas que buscam Deus confiem em suas experiências quando se sentem submetidas a um poder superior ou quando escutam sua consciência; também possibilitam que essas pessoas descubram Deus nessas experiências. O que Jung quer dizer é que ele não fala como teólogo sobre Deus e a sua essência, mas somente como psicólogo que descreve

---

47. Em latim: voz de Deus [N.T.]
48. Ibid., 276.

os efeitos das imagens de Deus sobre a alma humana. A sabedoria da alma, segundo Jung, conhece Deus. Enquanto psicólogo, Jung sabe que é uma decisão inteligente a de seguir essa sabedoria da alma. É que quem vive contra a sabedoria da alma torna-se inquieto, agitado e, por fim, neurótico.

O caminho de Tilmann Moser e de C.G. Jung podem ajudar as pessoas que buscam Deus, mas ficam inseguras para seguir o caminho que conduz a Deus por causa da argumentação ateísta. Elas não devem ignorar a sua razão quando creem em Deus e querem contar com Ele. A razão não pode demonstrar Deus, mas o caminho religioso não é contrário à razão. A razão sugere o caminho religioso. É sensato confiar na sabedoria da alma.

É claro que poderíamos nos perguntar, de um ponto de vista puramente intelectual: A sabedoria da alma não é um truque da natureza para que consigamos viver relativamente bem neste mundo? Esta pergunta é justa. Mas também é possível perguntar, com igual razão: Podemos ou não confiar na própria alma e no próprio entendimento? Quando não podemos confiar em nossa razão, então a argumentação ateísta é também somente uma tentativa de viver bem neste mundo, mas ela não tem fundamento real.

Trata-se de tomar uma decisão em favor da sabedoria da alma, ou contra ela. Mas a decisão que vai contra ela tem, como Jung o demonstrou, consequências negativas para a saúde psíquica e física do homem. No mínimo, é saudável crer em Deus e confiar nele. É claro que conhecemos muitas imagens doentias de Deus. Mas elas não são argumento contra Ele, mas somente um desafio para encontrar um caminho neste mundo, cheio de imagens sobre Deus, e buscar realmente Deus.

Do ponto de vista de minha formação teológica (eu fiz o doutorado sobre Karl Rahner), um caminho importante para falar com as pessoas sobre Deus é o conceito de mistério. Para Karl Rahner, Deus é essencialmente o mistério.

Rahner reclama para si a tradição cristã que concebe Deus como inexplicável. E diz que a luta contra o ateísmo contemporâneo só pode ser levada a cabo "quando ele for entendido também como a destruição de imagens falsas e primitivas sobre Deus"[49]. Segundo Rahner, o homem está sempre direcionado para o mistério. Em todo pensamento o mistério é sempre pensado. O homem "está fundado no abis-

---

49. RAHNER, K. "Geheimnis". *Sacramentum mundi II*, Friburgo im Breisgau, 1968, p. 190.

mo do mistério, vive sempre junto dele; a questão é apenas se ele convive voluntária e obedientemente, confiante, com o mistério, ou o 'reprime' e não o admite, e o 'oprime', como Paulo diz"[50].

Quando falo com as pessoas sobre Deus não pergunto: "Você acredita em Deus?" É que, perguntando assim, eu precisaria perguntar ainda: "O que você entende por Deus?" Muitas pessoas que não aceitam Deus já têm imagens bem determinadas sobre Ele que elas rejeitam. Para mim, o que é decisivo é se uma pessoa está aberta para o mistério. E quando uma pessoa considera a si mesma honestamente, quando reflete sobre o seu conhecimento de ciência natural, quando é sensível para a arte, ela entra em contato com uma experiência fundamental do homem que consiste, segundo Rahner, em "estar lançado no mistério que domina a sua existência"[51].

A pessoa que está aberta para o mistério de sua vida, para o mistério de todo ser, já se abriu em seu coração para Deus. Ela já entende em seu íntimo quem é Deus. Dada essa abertura, então posso falar sobre Jesus Cristo, em quem o mistério de Deus reluz

---

50. Ibid., p. 192.
51. Ibid., p. 195.

e que nos anuncia que Deus, "enquanto permanente mistério, se tornará a nossa realidade mais íntima"[52].

A teologia cristã inteira não pode abarcar Deus. Não sabe quem é, na realidade, esse Deus. Mas ela deixa em aberto o mistério. Alguns ateus nivelam tudo ao que já é conhecido, por exemplo: "Deus não é nada além de uma projeção humana. A natureza não é nada além da matéria. O pensamento religioso é mero resultado de determinadas correntes cerebrais". Tudo se torna banal para quem nivela a realidade ao que já é conhecido, e o mistério do ser lhe é estranho. Essa pessoa não faz jus à complexidade da realidade.

Tendo em vista o envenenamento de Deus, o que foi dito até agora significa o seguinte para mim: numa Igreja que é prejudicada pelo abuso e pela culpa, em meio a pessoas que continuam a ser instáveis em sua fé, procuro o mistério que é maior do que eu e me supera, e Deus se revelou em um homem como o mistério duradouro.

O Evangelista João fala que o Verbo tornou-se carne. Por carne (*sarx* em grego) ele quer dizer a fragilidade do homem, ele indica o homem em sua transitoriedade, perigos e fraquezas. Eis a boa-nova

---

52. Ibid., p. 193.

do cristianismo e, ao mesmo tempo, aquilo que a desconcerta: Deus se mostra na fragilidade da vida humana. Quando nos conciliamos com a fragilidade, o Evangelho transforma-se em uma mensagem cheia de esperança; é que Deus, o mistério inexplicável, habita também em minha frágil humanidade, em minha imperfeição.

A imagem do espinheiro no Antigo Testamento indica a nossa vida interior, a aridez, a insignificância, os nossos fracassos. O espinho queima sem incendiar-se. Nele, a soberania de Deus resplandece. O mistério de Deus também resplandece em nós. No Evangelho de João, Jesus disse aos seus discípulos que logo depois o traíram e abandonaram:

> Quando alguém me ama confia em minha palavra; meu Pai o ama, e nós iremos até ele e habitaremos nele (Jo 14,23).

Deus viverá em nós pelo seu amor, ainda que nós, como os discípulos, não sejamos confiáveis, frágeis, infiéis e covardes.

A meditação sobre textos bíblicos
As parábolas como transformação de autoimagens e de imagens sobre Deus

Um caminho para curar imagens doentias sobre Deus e sobre si mesmo são as parábolas de Jesus. Nas parábolas Jesus nos fascina com a sua arte de narrar de modo didático. Mas Ele também nos provoca. Quando uma parábola nos provoca Jesus quer nos dizer: "Você está vendo a si mesmo e a Deus erradamente".

Por suas palavras provocadoras Jesus gostaria de nos libertar das imagens erradas sobre Deus e sobre nós mesmos. Isso não acontece sem emoção. A raiva que Jesus desencadeia em nós por meio de algumas parábolas torna-se energia para libertar-nos realmente de imagens doentias. Um mero apelo a mudar não dá frutos. Somente quando nos agitamos alguma coisa se faz sentir em nossa alma e nos animamos a nos transformar.

Aqui gostaria de apresentar essa ideia em relação a três imagens doentias sobre si e sobre Deus: (1) a propósito da imagem intimidadora e controladora de Deus, (2) da imagem perfeccionista de Deus, e

(3) da imagem de um Deus que nos infunde constantemente sentimentos de culpa.

A cura da imagem intimidadora e controladora de Deus

Muitas pessoas trazem consigo uma imagem intimidadora de Deus. Esse é o Deus que controla minhas ações e meus pensamentos e pelo qual sinto-me constantemente observado. A reação a essa imagem consiste então em tentar eu mesmo controlar os meus atos e meus pensamentos. Não tenho medo apenas de Deus; em última instância, tenho medo de mim mesmo: de meus instintos que me tomam, de meus pensamentos que me desnorteiam. Preciso controlar tudo. Não posso cometer erros. É que nesse caso a vida sairia de controle.

Esse tema é descrito na Parábola dos Talentos. Nessa parábola Jesus fascina e provoca. Os dois primeiros servos negociam com os seus talentos e obtêm grande recompensa. Entretanto, na descrição do terceiro servo, sente-se compaixão e raiva em relação ao tratamento severo desse servo.

Esse terceiro servo revela em sua autojustificação onde está o problema. Ele comparou-se com os outros e sentiu-se prejudicado. Por isso, ele quer pelo menos preservar o pouco que tem, sem perda. Ele diz ao senhor:

> Senhor, eu conhecia-te, que és um homem duro, que ceifas onde não semeaste e ajuntas onde não espalhaste; e, atemorizado, escondi na terra o teu talento; aqui tens o que é teu (Mt 25,24-25).

O problema do terceiro servo é o medo diante do senhor. Ele tem a imagem de um senhor duro, que pune. Por isso enterra o seu talento, para não poder cometer nenhum erro. Ele gostaria de ter tudo sob controle, de não abrir mão de nada. Mas, desse modo, não ganha nada. Quem negocia com os talentos concede alguma coisa para receber mais em troca. Mas o terceiro servo guarda tudo para não perder nada. Mas, exatamente por isso, ele perde tudo. O senhor trata esse servo com muito rigor. Ele faz exatamente o que o servo imaginara. Ele satisfaz a imagem que o servo tinha dele. E responde:

> Mau e negligente servo; sabias que ceifo onde não semeei e ajunto onde não espalhei? Devias então ter dado o meu dinheiro aos banqueiros e, quando eu viesse, receberia o meu com os juros. Tirai-lhe pois

o talento e dai-o ao que tem dez talentos (Mt 25,26-28).

Eugen Drewermann diz que esse método terapêutico de Jesus consiste em expulsar o medo usando o medo, em apresentar o medo de tal maneira que ele se transforme em confiança. Jesus quer dizer ao servo: "Quando você tem uma imagem de Deus tão carregada de medo, então a sua vida será desde já pranto e ranger de dentes. Quando você quer controlar tudo, sua vida sai de controle. Quando você não quer cometer nenhum erro, você faz tudo errado".

Alguns ouvintes reagiram a essa interpretação da parábola dizendo: "Jesus não poderia ter dito isso de modo mais simples?" Se Jesus nos transmitisse uma doutrina simples ou apenas nos exortasse a sermos confiantes, poderíamos nos acomodar confortavelmente onde estamos e dizer: "Bonito". Mas nada em nós se transformaria.

A parábola não nos deixa frios. Ela nos provoca a refletir sobre o que nos irrita. Provocar significa originalmente "convocar". Convocamos um homem para o campo de batalha. Isso significa que ele é tirado da reserva. Não pode mais se esconder. Ele precisa assumir sua posição.

Quando Jesus nos provoca Ele também nos tira da reserva. Não podemos ouvir suas palavras a distância. Somos convocados a nos posicionar na luta da vida e da própria verdade e a brigar pela imagem que corresponde à nossa essência.

A cura da imagem perfeccionista de Deus

A imagem controladora de Deus está estreitamente ligada à imagem perfeccionista dele. Quero ser perfeito como Deus. Muitas pessoas compreenderam as palavras que Jesus disse no Sermão da Montanha ("Sede perfeitos como o vosso pai celestial" (Mt 5,48)), no sentido de que elas não poderiam cometer nenhum erro. Elas deveriam ser perfeitas. Isso faz com que reprimam todos os outros pensamentos e instintos. Estes não devem ser considerados. Ser perfeito significa não cometer erros.

Mas o que Jesus quer dizer é outra coisa. A palavra grega *teleios* significa o homem que olha para si mesmo, que faz brilhar o sol de sua consciência sobre o bem e o mal que tem em si, que mantém tudo o que está nele sob a luz de Deus e sabe que é abraçado pelo amor de Deus. É a imagem de uma pessoa que se conciliou com o seu lado sombrio, que aceita verdadeiramente tudo o que está nela e se apresenta diante de Deus.

O psicólogo suíço C.G. Jung pensa que o homem é determinado por polos. O homem tem em si amor e agressividade, razão e sentimento, amabilidade e dureza, *anima* e *animus*, a parte feminina e a parte masculina da alma. Muitas vezes vivemos apenas um polo. O outro é reprimido e relegado às sombras.

As sombras reprimidas não são más. Mas, na medida em que permanece reprimido, ele atua destrutivamente sobre nós. O sentimento reprimido mostra-se como uma sentimentalidade que nos inunda. E a agressividade reprimida exprime-se muitas vezes por meio de doenças.

A arte de amadurecer consiste em conciliar-se com as próprias sombras. Para muitos, é um choque quando descobrem em si, apesar de todo esforço no sentido do amor e da amabilidade, um lado hostil e agressivo. Foi um choque assim que experimentaram os servos do pai de família que semeara boas sementes no campo.

> Quando o trigo germinou e fez a espiga, apareceu também o joio. Então os escravos do proprietário foram dizer-lhe: "Se-

nhor, não semeaste semente boa em teu campo? Donde vem, pois, o joio?" Ele respondeu: "Foi um inimigo que fez isso" (Mt 13,26-28).

Pensamos ter semeado boas sementes sobre o campo. Mas então descobrimos o joio em meio ao trigo. Nós gostaríamos, como os servos, de arrancá-lo. Mas o senhor diz a eles:

> Não, para que não aconteça que, ao arrancar o joio, arranqueis também o trigo. Deixai que os dois cresçam juntos até a colheita. No tempo da colheita direi aos que cortam o trigo: colhei primeiro o joio e atai-o em feixes para queimar; depois, recolhei o trigo no meu celeiro (Mt 13,29-30).

Queremos ser bons. Mas então descobrimos em nós a inclinação para o mal. Queremos ser apenas afetuosos, mas descobrimos em nós o ódio e sentimentos de vingança. Horrorizamo-nos diante desse joio e gostaríamos de arrancá-lo. Mas então arrancamos também o trigo. O joio ao qual Jesus se refere aqui é o azevém que envenena. Ele é semelhante ao trigo e as suas raízes se entrelaçam com as raízes do trigo.

A pessoa que, por perfeccionismo, quisesse arrancar de sua alma todo o joio não conseguiria colher o trigo. Sua vida se tornaria infrutífera. A fertilidade de nossa vida nunca é expressão de uma pura ausência de erros, mas consequência da confiança que o trigo será mais forte do que o joio e que o joio pode ser separado do trigo.

O incômodo dos servos quanto ao joio espelha o nosso incômodo. Incomodamo-nos com o lado sombrio. Queremos ser somente bons, mas não se pode ignorar o joio que está em nossa alma. Às vezes gostaríamos de ferir os outros. Temos pensamentos sádicos, pensamentos cruéis, fantasias sexuais...

Quando tais pensamentos emergem em nosso ser nós os reprimimos ou queremos aniquilá-los totalmente. Queremos restituir a imagem ideal que temos de nós. Mas isso não dá certo. Jesus nos estimula a termos paciência. Devemos esperar até a colheita. Isso não significa que devemos ajudar o joio a crescer. Devemos cortá-lo para evitar que cresça. Mas não podemos fazê-lo desaparecer completamente. Isso é o que Deus fará na morte. Nesse momento então Ele separará em nós o joio do trigo.

O que é decisivo é que o trigo cresceu no campo de nossa alma. Devemos olhar o joio, mas não devemos dar-lhe poder. No final, Deus irá incendiá-lo totalmente, de maneira que a pura imagem de

Deus resplandecerá em nós. Enquanto vivemos, o joio cresce no campo de nossa alma. Isso nos torna modestos e nos preserva de uma dureza excessiva em relação a nós mesmos e aos outros.

A cura da imagem de Deus que me enche de sentimentos de culpa

Muitos cristãos ouviram continuamente em sua infância a mensagem de que eram maus e culpados. Nós associamos a culpa sempre com uma profunda contrição: precisamos nos arrepender profundamente da culpa.

O arrependimento é extremamente importante. Mas arrependimento não significa me dilacerar e passar a vida como penitente. Não devemos entreter constantemente um sentimento ruim e nos condenar interiormente porque cometemos um erro. Jesus fala de maneira bem mais sóbria sobre a culpa e o perdão. Para Ele, a culpa é parte do amadurecimento. Ele nos mostra um caminho para lidarmos com nossa culpa sem perder nosso amor-próprio.

A reação à pregação da Igreja, que se centrava demais na culpa, foi a repressão do tema "culpa". Isso não ajuda grande coisa. Quando a culpa não é mais admitida e refletida, os sentimentos de culpa se exteriorizam muitas vezes de outro modo: na raiva, no medo, na suscetibilidade, na obsessão.

A maneira adequada de lidar com a culpa, sem que percamos nossa autoestima, é tratada por Jesus na Parábola do Administrador Infiel. Os ouvintes pobres de Jesus devem ter ficado fascinados com essa história. Parece-lhes que o administrador ludibriou seu senhor de maneira refinada. Mas, para Jesus, o que importa não é a alegria com o mal alheio nem o que parece à primeira vista. Ele quer fazer os seus ouvintes alcançarem outro nível.

Muitos leitores irritam-se com essa parábola. Dizem: "Não está certo. É imoral o que o administrador fez. Ele enganou o seu senhor". Mas é exatamente por meio daquilo que nos irrita que Jesus quer nos dizer: "Pense bem e veja se o seu ponto de vista está correto mesmo. Você está vendo a si mesmo e a Deus de maneira errada. Você precisa aprender outro modo de lidar com a culpa. Você é duro demais ao julgar os outros porque lida de modo inadequado com a sua própria culpa. Você condena o administrador porque condena tudo o que é enganador em você mesmo".

Querendo ou não, sempre somos culpados de alguma coisa em nossa vida. Na parábola, isso é expresso pela imagem da dissipação. Sempre dissiparemos algo de nosso poder, de nossas capacidades, de nossas forças. A questão é como reagimos à censura contra a dissipação e a culpa. O administrador diz para si mesmo:

> Que farei, pois que o meu senhor me tira a administração? Trabalhar na terra, não posso; de mendigar, tenho vergonha (Lc 16,3).

Existem duas maneiras pelas quais costumamos reagir à culpa. Uma delas é querer trabalhar duro. Nós nos propomos a não cometer mais nenhum erro. Trincamos os dentes e nos inquietamos. Isso leva a um endurecimento e a uma paralisação. Somos duros conosco, mas também julgamos os outros com rigor. Insistimos constantemente na culpa do outro e nos alteramos.

O outro caminho é mendigar a aceitação dos outros. Vivemos então como penitentes e nos desculpamos sempre por nossa presença. As desculpas nos apequenam e nos transformam em mendigos de reconhecimento e atenção. Desse modo perdemos toda autoestima.

O administrador considera um terceiro caminho:

> Mas já sei o que vou fazer para que, depois de afastado da administração, alguém me receba em sua casa (Lc 16,4).

Ele lida de maneira criativa com a sua culpa. Ele chamou a si os devedores e isentou-os de uma parte de suas dívidas às custas do homem rico. É a única possibilidade que lhe resta.

Ele sabe que não pode pagar toda a dívida, nem através de trabalho duro, nem através de mendicância. Ele só pode usá-la como uma oportunidade para agir de modo humano com as outras pessoas. Ele diz: "Sou culpado, vocês são culpados, dividamos a culpa. Vamos compartilhar a nossa casa". Jesus nos convida a descer do trono de nossa justiça e nos tornarmos pessoas como as outras. Em função dessa reação à culpa, Jesus se distingue dos essênios, que Ele chama de filhos da luz (cf. Lc 16,8).

Os essênios eram muito piedosos, mas quando alguém desrespeitava as suas normas era expulso e excluído sem misericórdia. Jesus diria: "Os cristãos não devem excluir, mas aceitar. Tendo consciência de que Deus os perdoou, vós deveis lidar humanamente com a vossa culpa e se tornarem pessoas entre pessoas; não deveis colocar-vos acima dos outros nem abaixo". Não precisamos liquidar a culpa por meio de trabalho duro nem por mendicância. Porque Deus, em sua misericórdia, perdoa nossa culpa, podemos usá-la para lidar misericordiosamente conosco mesmos e com as pessoas.

Muitas vezes associamos o arrependimento ao abatimento ou à autocondenação. Há uma forma de arrependimento que nos põe para baixo. Decepcionamo-nos a respeito de nós mesmos e nos destruímos interiormente. Nós nos negamos e nos vemos como fracassados ou falhos. Mas essa forma de arrependimento não nos ajuda a mudar.

Ao contrário, existe um tipo de arrependimento que estabiliza o comportamento negativo. Um homem que era culpado por seduzir mulheres se arrependia sempre de seu comportamento, mas não o mudou. A autocondenação e a autopunição do arrependimento foram como que um contrapeso ao seu comportamento errado.

O arrependimento genuíno é outra coisa. Ele não consiste na autocondenação, mas em um *não* aos pecados e na prontidão a viver melhor no futuro. Quando o arrependimento se transforma em autopunição e autocondenação, ele não nos faz mudar, mas nos leva a um sentimento de impotência, de que não podíamos mudar nada.

O administrador não reage de modo impotente, mas sim usando os meios que tinha à disposição. Pela autocondenação e da autopunição perdemos todo cuidado conosco mesmos. E esse autodesprezo nos leva a continuar cometendo os mesmos erros. Ele nos alija e enfraquece. O arrependimento genuíno, que, consciente dos erros, muda alguma coisa, nos fortalece.

Jesus gostaria de nos conduzir, por meio de sua parábola, do arrependimento destrutivo à mudança construtiva. Isso não pode ser feito sem provocação. É que algumas pessoas que se condenam por meio de seu arrependimento acham que estão agindo de maneira muito piedosa. É por isso que Jesus precisa apresentar conscientemente o oposto da piedade como modelo, para que abramos os olhos e sigamos com dignidade o caminho que nos conduz à vida.

Parte 3

~

A proteção contra o envenenamento de Deus

Na segunda parte do livro tentei descrever remédios contra o envenenamento de Deus. Mas tão importante quanto isso é a questão sobre como preservar as pessoas de se tornarem vítimas do envenenamento de Deus.

O que pode ajudar as pessoas a desenvolverem uma compreensão sobre as imagens de Deus saudáveis e doentias, e sobre as autoimagens adequadas? Trata-se de fortalecê-las para que elas se tornem sensíveis a imagens curadoras de Deus e de si mesmas. Trata-se de criar uma atmosfera na qual se fale de outro modo sobre Deus e na qual o amor misericordioso dele se torne experimentável para as pessoas neste mundo.

Ajuda

Concebo sete maneiras pelas quais podemos proteger uma pessoa de modo que ela se torne interiormente imune contra imagens negativas de si e de Deus e contra o abuso espiritual e sexual.

A primeira ajuda consiste no fortalecimento da autoestima. A educação religiosa não quer rebaixar, mas sim ajudar a pessoa a ter uma autoconfiança saudável. Para isso é necessário o reconhecimento da pessoa, de suas capacidades e de sua individualidade. Todos têm um valor em si porque são como são.

A pregação religiosa também deve fortalecer a autoestima. Deus é o fundamento sobre o qual estamos de pé. Se estamos de pé sobre esse fundamento, não desabamos quando outros nos criticam. Não nos deixamos levar pela opinião dos outros. Deus me aceita incondicionalmente. A experiência de Deus guia-me para a experiência de meu verdadeiro eu.

Esse eu verdadeiro não pode ser destruído por crítica ou ofensa. Uma pessoa que desenvolve uma autoestima saudável confia nos próprios sentimentos. Quando ouve um sermão sente exatamente se pode ou não confiar nele. Quando sente resistência em si, pergunta-se criticamente se está se defendendo contra as palavras do pregador ou se as palavras espelham o medo e o pessimismo do pregador. Sente quando deve dar atenção e quando é melhor proteger-se porque as palavras só dizem algo sobre o pregador e não sobre a mensagem de Jesus.

Em última instância, cada um é o seu próprio teólogo. Cada sermão me desafia a perguntar se estou vendo corretamente Deus e a mim mesmo. Devo entregar-me ao diálogo interior com o sermão. Mas também devo entender as palavras do pregador. Devo ser capaz de formulá-las de tal maneira que se tornem minhas próprias palavras: palavras que me conduzem à vida.

A segunda ajuda: nós devemos ser sensíveis às nossas armadilhas. Cada um tem os seus padrões de vida. Às vezes esses padrões de vida nos desviam e nos submetem a imagens erradas sobre Deus ou nos colocam na posição de vítima. Quando tenho baixa autoestima, torno-me vulnerável a posições fundamentalistas. Elas me prometem segurança. Muitas vezes prometem-me a grandiosidade que me falta.

Se acho que sou um dos poucos escolhidos sobre os quais fala a Bíblia, eleva-se a minha grandiosidade. Sou algo de especial. Estou acima de outros, que estão condenados. Mas a verdade é que, desse modo, apenas compenso a minha baixa autoestima.

Outra armadilha é o meu sentimento de culpa que está em mim desde a minha infância. Ele torna-me vulnerável às palavras que querem me impor uma má consciência. Não posso proteger-me porque essas palavras exprimem o sentimento profundamente assentado em mim de que não estou certo e de que sou o culpado de muitas coisas que ocorrem em torno de mim. Todos têm um calcanhar de aquiles no qual podem ser feridos. Quanto melhor conhecemos nossos calcanhares de aquiles, menos somos vulneráveis às armadilhas em que caímos ao longo de nossa vida.

A terceira ajuda: devo conciliar-me com as minhas próprias carências.

Sou muito carente de amor, atenção e reconhecimento. Em minha carência fico muitas vezes cego para o fato de que outros abusam de mim. Não sinto meus próprios limites. Quando alguém se aproxima, entrego-me. É que estou ávido por aproximação. Mas essa carência faz com que eu muitas vezes não veja que o outro está passando dos limites. Aproxima-se demais.

Isso pode ocorrer no âmbito espiritual. Ele me interroga, gostaria de saber tudo sobre mim, meus sentimentos mais íntimos. No começo soa como interesse, mas muitas vezes é uma forma de exercício de poder.

Algo semelhante vale também para o abuso sexual. Esse tipo de abuso vai sendo preparado. No início ele se revela apenas em toques afetuosos, em promessas de amor, no elogio excessivo de minha atratividade. Quem quer abusar de mim eleva-me, entusiasma-se com minha individualidade, com minha beleza, com minha maturidade espiritual. E esse elogio torna-me cego para as verdadeiras intenções do malfeitor.

Assim, é importante ver bem as próprias carências e conciliar-se com elas. Quando aceito-as conscientemente não preciso fazer de tudo para supri-las e não sou vulnerável às pessoas que me prometem querer satisfazer todas as minhas carências.

A quarta ajuda: devo confiar no meu sentimento relativo às outras pessoas. As crianças têm muitas vezes uma boa intuição a respeito das pessoas que ultrapassam os seus limites. Elas não gostam do tio nem da tia. Não sabem por quê. Mas muitas vezes essa é uma intuição saudável de que eles não estão respeitando os seus limites. Muitas vezes os pais preferem reagir dizendo que as crianças deveriam ser amáveis com o tio ou com a tia. Os pais deveriam apurar os ouvidos em tais situações e dar atenção aos sentimentos e reações de seus filhos, levando-os a sério.

Muitas vítimas de abuso contaram que seus pais não deram atenção ou não levaram a sério o que eles lhes contaram. Eles estavam tão convencidos de que esse padre, esse educador e essa educadora tinham boas intenções, que não contavam com o abuso.

É preciso, por um lado, ter sensibilidade para com os próprios sentimentos. Por outro, é preciso também que os adultos fiquem atentos. Quando um padre aproveita o seu tempo livre somente com crianças, este é sempre um sinal de alerta. Nesse caso as pessoas deveriam verificar se ele não está satisfazendo as suas carências sexuais com as crianças. Mesmo quando não há abuso sexual ocorre muitas vezes um abuso emocional. Muitas vezes os pais acham que o padre se relaciona muito bem com as crianças, que elas gostam muito de ir à casa paroquial, que elas o procuram e o abraçam. Mas todas essas coisas são, em certas circunstâncias, sinais de falta de limites que deveríamos levar a sério.

Muitas vezes as crianças são atraídas por padres que, enquanto adultos, permaneceram psicologicamente no estado infantil. A força de atração dessas pessoas nem sempre é um sinal positivo, mas pode revelar a sua falta em relação à distância e imaturidade.

A quinta ajuda: devemos perceber com atenção se estamos inclinados a assumir sempre o papel de vítima. Quando aprendemos o papel de vítima em nossa infância caímos muitas vezes nesse papel quando nos tornamos adultos. Deixamos então facilmente que os que são incumbidos como curas de almas ou outros membros da paróquia nos imponham o papel de vítima. Nós como que pedimos aos outros, por meio de nossa submissão e carência, que nos tratem como vítimas.

Frequentemente as vítimas não têm uma boa relação com as suas agressões. Uma ajuda importante seria, portanto, aprender uma maneira boa e adequada de lidar com as agressões. Desse modo não deixamos que nos imponham sempre o papel passivo de vítima, mas nos defendemos. Quando os outros não respeitam os próprios limites por si mesmos, então nós os defendemos. Naturalmente é muito difícil que uma criança impeça que um adulto lhe imponha o papel de vítima. Mas, quando adultos, não devemos permanecer nesse papel. Precisamos da agressão para superar a nossa condição de vítima.

A sexta ajuda: os adultos deveriam observar bem se está surgindo um clima de abuso emocional ou sexual. Precisam de um olhar crítico que reconheça a violação de limites, que perceba nos *curas d'almas* o afã de satisfazer necessidades pessoais.

Entretanto, esse olhar crítico não deve fazer com que se veja uma violação de limites em cada toque. Ao fazer isso a pessoa não percebe que projeta os próprios lados sombrios e as próprias necessidades nos outros. E então o olhar demasiadamente crítico transforma-se facilmente em caça às bruxas. Ele conduz a um clima estéril no qual não pode haver nenhuma proximidade.

Nesse ponto também é necessário ouvir os próprios sentimentos. Sentimos muitas vezes em nosso coração quando há algo errado na relação entre padres e crianças, entre padres e mulheres, entre padres e fiéis. Mas deveríamos levar sempre em consideração as nossas carências. De outro modo projetamos nossas carências nos outros e nos tornamos juízes sem misericórdia que se colocam acima deles.

A sétima ajuda consiste na sensibilização para os lados sombrios. Quanto mais extrema se torna uma espiritualidade, mais fortes são os seus lados sombrios. Uma espiritualidade extrema nos toca. Queremos sim ser bons cristãos. Mas deveríamos ser sensíveis à situação em que o extremo é adquirido por meio do seu oposto.

Uma espiritualidade extremamente eufórica é adquirida muitas vezes por meio de uma fixação constante no diabo e no mal. Por um lado, a pessoa se extasia com o amor de Deus que resolve todos os problemas. Por outro, porém, essa euforia é compensada por um medo profundo quanto à escuridão e ao mal. Onde só há luz as sombras são mais escuras.

Uma espiritualidade extremamente ascética pode nos entusiasmar. Assim a mensagem de Jesus pode ser finalmente posta em prática. Mas nesse caso também devemos ser cuidadosos. Essa ascese extrema não traz consigo as sombras da grandiosidade? Ela não é adquirida por meio de uma concepção totalmente frouxa sobre outros domínios, como, por exemplo, a área política e sexual?

Os monges já advertiram: "Toda desmedida é coisa dos demônios". E a boca do povo também diz que devemos temer o excesso daquilo que é bom. Os franceses dizem: "Les extrêmes se touchent" ("Os extremos se tocam"). Aprendi isso com um padre que eu acompanhei. Ele oscilava entre uma extrema ascese e rigorosa meditação, por um lado, e um comportamento totalmente desleixado, por outro (excesso de televisão e de cerveja). Como não tinha nenhum ponto intermediário, ele tinha de passar de um extremo para o outro.

Portanto, é importante não só desenvolver uma intuição para os próprios lados sombrios, mas também conduzir as pessoas para o seu ponto intermediário. A partir desse ponto intermediário podem avaliar o que é bom para elas e o que as prejudica.

Uma outra atmosfera de pregação

Somente os pregadores podem determinar e alterar a atmosfera da pregação. Portanto, trata-se antes de tudo de uma tarefa da Igreja. Tarefa essa que começa na formação dos que realizam o trabalho de cura de almas. Mas uma formação sólida, por si só, é muito pouco. Isto porque aqueles que pensam corretamente do ponto de vista teológico pregam não só a doutrina teológica, mas também os seus próprios padrões psíquicos de pensamento.

Portanto, é preciso ter uma nova sensibilidade para o que transmitimos inconscientemente com o nosso sermão. O pregador por si só não nota muitas vezes tudo o que está sendo dito inconscientemente em seu sermão. Por isso precisa de pessoas que lhe digam. Mas só uma pessoa amiga que o valorize pode dizer-lhe essas coisas. Uma pessoa que só quer criticar os pregadores não os ajuda. Em contrapartida, o pregador ou a pregadora podem se esconder atrás de frases às quais ninguém pode objetar, mas que permanecem sem cor e não atingem o coração dos ouvintes.

Os pregadores só alcançam as pessoas quando falam a partir do próprio coração. Mas quando falam a partir do próprio coração eles transmitem também sua própria problemática. É o que pode acontecer. O decisivo é que o pregador e a pregadora saibam disso. Aí eles terão cuidado ao falar e, ao mesmo tempo, mais confiança. Antes de tudo, o seu sermão será honesto e autêntico. Eu gostaria de advertir aqui especialmente em relação a alguns perigos:

O primeiro perigo é a *moralização*. Um sermão moralista diz aos fiéis o que deveriam fazer. Sempre lhes transmite uma má consciência. As pessoas voltam para a vida cotidiana cheias de sentimentos de culpa: elas fazem pouco pelos outros, engajam-se pouco politicamente, não satisfazem a vontade de Deus, rezam pouco, amam pouco o seu próximo, e assim por diante. Quando as pessoas são sobrecarregadas com sentimentos de culpa irão, em algum momento, fechar o seu coração. É que não é agradável sair massacrado da igreja.

Transmitir sentimentos de culpa é uma forma sutil de exercício de poder. Contra esse exercício de poder deveríamos nos defender conscientemente. E às vezes seria bom também mostrar isso para os pregadores.

Contra a pregação moralizante, Lucas contou a história da cura da mulher aleijada, ocorrida em um sábado durante um culto religioso judeu na sinagoga (cf. Lc 13,10-17). Jesus ergue a mulher para que ela possa sair da sinagoga de pé. Essa é uma bela imagem para os nossos cultos. Depois de um sermão moralizante as pessoas vão para casa de cabeça baixa. Devemos pregar e formar a atmosfera da liturgia de tal maneira que as pessoas se sintam elevadas e possam ir para casa com a cabeça erguida.

O segundo perigo é a *absolutização*. Em uma pregação assim as frases da Bíblia ou da teologia são apresentadas de maneira tão absoluta que ignoram qualquer pensamento pessoal a respeito. O pregador parece então saber exatamente quem é Deus, qual é a sua vontade. E o faz como se tivesse recebido do Espírito Santo a tarefa de pregar essas mensagens.

Nesse ponto o entendimento dos ouvintes e das ouvintes também entra em jogo. Somente Deus é a verdade. E todas as nossas frases sobre Deus são apenas uma tentativa de aproximar-se dessa verdade. O Papa Bento XVI nos advertia constantemente a unir entendimento e fé. Quem ativa o seu entendimento sabe que todas as nossas afirmações sobre Deus só tocam a verdade sobre Ele, mas nunca a apreendem totalmente. Em última instância, não podemos conceber Deus por meio de nosso entendimento. A fé não salta por cima do entendimento, mas o usa como trampolim para saltar confiantemente em direção ao Deus inconcebível, ao Deus que está além de todas as representações e conceitos humanos.

O terceiro perigo é a *demonização*. Há pregadores que apresentam o homem como um ser totalmente ruim. Nesse caso o pregador precisa de amigos que lhe indiquem que, em última instância, ele está pregando o seu próprio pessimismo e o medo do diabo presente em sua alma.

Os ouvintes deveriam assumir um distanciamento interior em tal situação. Deveriam perguntar-se: O que o pregador está dizendo sobre si mesmo? E deveriam perder o medo desse pregador e não se deixar levar.

Muitas pessoas me contam que não suportam tais sermões que demonizam tudo, e simplesmente vão embora. Essa é uma possibilidade, naturalmente. Mas para mim seria melhor ouvir com atenção as palavras e então fazer o próprio sermão. Como *eu* interpretaria as palavras de Jesus? Como *eu* responderia aos argumentos do pregador? Quando me coloco essas questões, reajo ativamente. E o sermão desafia-me, ainda que eu não o siga simplesmente.

O quarto perigo é a *banalização*. Há pregadores que querem evitar os três primeiros perigos. Mas então são vencidos pelo quarto perigo. Falam tão inofensivamente sobre o amado Deus que Ele acaba sendo diminuído. Deus é rebaixado a uma pessoa legal, a um "vovô" querido que está sempre presente e sempre quer o melhor para nós.

Por um lado, essa imagem de Deus frequentemente não corresponde à experiência das pessoas que se sentem às vezes abandonadas por Deus. Por outro, o mistério do Deus inconcebível perde-se completamente. O que é de Deus é ignorado. Deus é sempre aquele que está diante de nós, diante de quem nos prostramos e que devemos adorar. Deus é sempre o fascinante e o tremendo, aquele que me atrai e aquele que me assusta. Se esse aspecto numinoso de Deus for excluído, Deus perde o seu poder, e isso não faz bem aos homens. Estes não precisariam mais desse Deus inofensivo e então poderiam viver por si mesmos.

É preciso esforçar-me constantemente para alcançar uma pregação adequada da mensagem de Jesus. Nenhum pregador tem a sabedoria à sua disposição. Ele precisa perguntar sempre de novo: O que me diz a mensagem de Jesus? Onde ela me desafia, onde ela me coloca em questão, onde ela é um consolo e um auxílio para mim?

E ele deve refletir sempre sobre as pessoas para quem prega a Palavra de Deus. O que as inquieta? O que as comove, o que lhes causa receio, pelo que anseiam, do que precisam para poder viver bem de acordo com a fé?

A Igreja não tem respostas definitivas e o pregador – mesmo aquele que é bem acolhido pelas pessoas – nem sempre sabe uma resposta para essas perguntas. Ele deve se esforçar sempre para encontrar as respostas para as suas próprias questões e para as questões das pessoas.

Sempre ouço críticas de que minha pregação apresenta um cristianismo *light*. Tento levar a sério essas críticas e me questionar criticamente. Mas às vezes tenho também a impressão de que se esconde por trás dessa crítica a tendência de impor a própria opinião para os outros.

As pessoas acham que somente assim se faz jus à pregação de Jesus. Mas, na verdade, elas satisfazem a sua necessidade de poder. Para mim, é preciso uma grande honestidade em relação a si mesmo e uma meditação constante sobre a mensagem de Jesus para pregá-la de um modo que corresponda ao Espírito de Jesus.

Em minha opinião, um critério decisivo é que eu não avalio nem condeno. Desse modo estou em harmonia com a exigência de Jesus:

> Não julgai para não serdes julgados! (Mt 7,1).

Sinto que atrás da tendência de fazer jus à seriedade de Jesus esconde-se frequentemente a necessidade de poder e que ela está ligada ao julgamento e à avaliação sobre as pessoas a quem pregamos a mensagem de Jesus.

Para mim é decisivo entrar no Espírito de Jesus por uma constante meditação. E de acordo com a maneira como entendi Jesus, Ele emprega muitas vezes palavras provocadoras para abrir-nos os olhos para a realidade tal como ela é e para abrir nosso coração realmente para Deus. Mas Jesus não condena. Em todas as palavras e encontros Ele transmite esperança e confiança. E para mim é muito importante libertar-me cada vez mais da egocêntrica tendência a brilhar com minhas palavras e causar impressão. Eu gostaria de servir cada vez mais às palavras de Jesus, de modo que eu toque cada vez mais as pessoas, assim como Ele tocou os seus ouvintes no passado. A resposta às palavras de Jesus foram comoção, conversão e, ao mesmo tempo, esperança por um novo começo.

Tornar Deus visível na vida

Atualmente as pessoas procuram lugares de acolhimento religioso. Uma vez que as grandes igrejas muitas vezes oferecem pouco acolhimento, elas procuram grupos menores. Mas ao fazer isso caem frequentemente em círculos estreitos. E uma vez que elas procuram por uma experiência religiosa, por segurança e por abrigo, não percebem como entraram num papel de vítima e como aprenderam uma imagem de Deus que, em última instância, não lhes faz bem. Por isso, as grandes igrejas precisam, nas suas paróquias e comunidades, de uma atmosfera de acolhimento e autenticidade, uma atmosfera em que se possa experimentar a proximidade curadora e libertadora de Deus. Mas não devemos simplesmente esperar essa atmosfera dos padres e das religiosas, dos colaboradores e colaboradoras pastorais. Todos somos chamados à tarefa de tornar Deus perceptível às pessoas, de modo que o anseio espiritual delas seja atendido. Gostaria de indicar alguns caminhos para isso:

Em minha opinião, **o primeiro caminho** consiste em tornar minha vida permeável a Deus. Jesus destacou essa qualidade. Ele sempre ia para a solidão da noite para ficar junto do Pai. Ele precisava desses lugares de oração para ser permeável a Deus em seus discursos e em suas ações. Não preciso então discutir sobre Deus. A primeira questão seria antes se as pessoas podem ver em mim algo da presença de Deus. Em favor do que testemunha minha existência? As pessoas veem em mim somente a agitação e o trabalho, elas só percebem a pressão sob a qual estou ou percebem algo de Deus?

O Espírito de Deus quer ser experienciado. Ele quer se mostrar em nós para que as pessoas o reconheçam em nós. As pessoas sentem se nos colocamos no centro das atenções ou se somos permeáveis a algo que é maior do que nós.

Essa é uma questão de irradiação. Irradiar Deus significa irradiar calma, ternura, amplitude, liberdade, paz e amor. Se as pessoas sentem isso em nós, então podemos falar adequadamente sobre Deus. Sem essa irradiação o discurso sobre Ele permanece apenas teórico. E frequentemente trata-se apenas de um discurso vazio.

O segundo caminho relaciona-se com nosso discurso sobre Deus. Quando homens e mulheres falam de maneira muito confiante sobre Deus, quando catequizam todos os que passam por seu caminho e querem convencê-los sobre Deus, as pessoas tendem a se fechar. É preciso um discurso adequado sobre Deus. Tal discurso deriva da fé, mas não de uma certeza, como se a gente conhecesse Deus exatamente e como se, de certo modo, estivesse acima dele.

A fé é determinada pela confiança, mas também por uma contínua busca. Acreditamos em Deus, mas também procuramos por Ele; procuramos experienciá-lo. Nós o experienciamos, mas então Ele desaparece novamente. E nós voltamos a buscar.

O terceiro caminho para tornar Deus visível neste mundo é a comunidade. Nesse ponto a Igreja é convocada. Para a Igreja primitiva era uma experiência fascinante que judeus e gregos, homens e mulheres, ricos e pobres, homens livres e escravos, jovens e velhos formassem uma comunidade, a respeito da qual Lucas escreveu nos Atos dos Apóstolos:

> Todos os dias se reuniam, unânimes, no Templo. Partiam o pão nas casas e comiam com alegria e simplicidade de coração. Louvavam a Deus e gozavam da simpatia de todo o povo. Cada dia o Senhor

lhes ajuntava outros a caminho da salvação (At 2,46-47).

As pessoas viam os cristãos naquela época como uma comunidade atraente. Viam que eles eram um só coração e uma só alma (cf. At 4,32). Algo vinha deles que fascinava as pessoas: alegria, clareza, simplicidade. As primeiras comunidades não se centravam em si mesmas, mas louvavam a Deus. E eles partilhavam juntos o pão, comemoravam juntos a Eucaristia. Eles partilhavam a vida.

Convivendo conosco as pessoas reconhecem se o nosso discurso sobre Deus está correto ou não. Muitas vezes a convivência na Igreja não é testemunho de Deus, e assim muitas pessoas abandonam a Igreja decepcionadas. Antes de nos escondermos atrás de argumentos teológicos, devemos, portanto, procurar com toda a humildade e "simplicidade de coração" um caminho para lidar respeitosamente com os outros, apoiar e suportar, criar um espaço de acolhimento e aceitação e outras formas de convívio, assim como se faz, por exemplo, em muitas empresas hoje em dia.

Muitos cristãos sofrem com o fato de que o clima na Igreja seja às vezes tão frio quanto o clima nas empresas. Um padre queixou-se que a sua exoneração pelo bispo, depois de quarenta anos de serviço na Igreja, consistiu apenas na escrita de um texto dizendo que "o seu serviço termina no dia 31 de agosto deste ano". Se não vivemos formas humanas de convivência e nenhuma estima se torna visível não devemos nos admirar de que as pessoas deixem a Igreja.

É por isso que um trabalho interpessoal nas paróquias seria muito importante. Naturalmente a Igreja é composta por pessoas falíveis. Nunca seremos uma comunidade ideal. Jesus não contava com isso. Mas o que o homem anseia hoje é que, em meio à fragilidade da comunidade humana, algo do Espírito de Jesus se torne visível.

Jornais religiosos queixam-se de que o cristianismo está desaparecendo cada vez mais do mundo público. Os feriados religiosos não seriam mais compreendidos. A Ascensão de Jesus converteu-se em dia dos pais e o Pentecostes em um final de semana prolongado para viajar.

Mas a cultura de vida cristã não se torna visível apenas nos serviços religiosos públicos, nas procissões de *Corpus Christi* ou nos feriados da Igreja. Ela se mostra muito mais no modo como os cristãos determinam o mundo público. Em algumas regiões a Quaresma ainda é uma ocasião que determina a sociedade. Jornalistas laicos também escrevem nesse período sobre as coisas de que gostariam de abrir mão. No Natal é grande a necessidade de publicar em todos os jornais um artigo central sobre a ocasião. E apesar disso a cultura de vida cristã torna-se cada vez menos visível no mundo.

Muito mais importante é que a cultura cristã tome a palavra. Na medida em que os cristãos se mostram no mundo público eles dão o testemunho de que existe algo de diferente no mundo, de que não há apenas o ponto de vista econômico que avalia o valor do homem e de sua ação somente segundo pontos de vista financeiros. Enquanto os sinos dobrarem todo domingo, enquanto os cristãos forem à missa e se mostrarem como frequentadores da Igreja será visível que a fé não desapareceu e que o cristianismo mostra que tem força para determinar o mundo.

Isso não vale apenas para a Igreja, mas também para muitas empresas que desenvolvem conscientemente uma cultura empresarial cristã que apresenta um perfil próprio daquilo que é cristão. Mas hoje o desafio é descobrir como pode se tornar observável uma cultura de vida cristã na economia, na sociedade e na política. É importante que os cristãos mostrem que é possível viver, administrar e conviver diferentemente neste mundo globalizado de hoje. A cultura de vida cunhada pelo Espírito de Jesus deve mostrar-se neste mundo. Ela não deve se manifestar como uma pretensão isolada, mas sim apontar para uma cultura alternativa e ensinar às pessoas que é possível viver de maneira diferente.

Festejar juntos a proximidade de Deus

Um lugar importante em que se manifesta no mundo a presença curadora, libertadora e redentora de Deus é a liturgia. Muitos cristãos queixam-se hoje de que não conseguem experimentar a presença de Deus na liturgia; de que se veem confrontados com uma agitação vazia ou com um ritual vazio. Não sentem nada da presença de Deus. A liturgia não é, para eles, um lugar de experiência espiritual, mas sim uma obrigação religiosa.

Na Igreja primitiva era diferente. Só precisamos ler as interpretações dos "Salmos de Agostinho". Então sentimos a fascinação da missa coletiva. A missa era, para os primeiros cristãos, a ocasião na qual experimentavam a proximidade de Deus e entravam em contato consigo mesmos e com o seu espaço interior de silêncio.

Na interpretação do Sl 42 Agostinho descreve como as pessoas preparavam e tocavam instrumentos musicais em uma festa. As pessoas que passavam por lá se perguntavam o que era tão festejado. A essa questão responde Agostinho:

> Na casa de Deus há uma festa eterna.

As pessoas vagueiam em meio à névoa, mas cheias de anseio. Quando ouvem a canção de júbilo nas igrejas o anseio nelas é excitado; o anseio pela pátria eterna, mas também pelo espaço interior de silêncio no qual Deus mora em nós. O Salmo nos compara com o cervo que é atraído pelas fontes de água para ir em direção à casa de Deus. Guiados pelo som da paz interior desprezaríamos tudo o que é exterior e nos voltaríamos para dentro de nós mesmos. Sentimos em nós a casa de Deus, o espaço interior no qual tudo está cheio de luz e paz.

Na Igreja primitiva a mística sempre foi mística de culto. Na missa os fiéis tinham experiências místicas da proximidade curadora de Deus, elas entravam em contato com o espaço interior do silêncio e com o seu anseio mais profundo por Deus. Mesmo em nossos tempos modernos sempre há pessoas em busca de Deus que conseguiram experimentá-lo na missa.

É famosa a experiência de conversão que Paul Claudel fez na véspera do Natal de 1886 na Notre Dame de Paris. Ele escreve que entrou na véspera de Natal como agnóstico e num estado de atordoamento. Quando os meninos cantores entoaram o *Magnificat*, seu coração foi imediatamente tomado, e de um momento para outro ele passou a ter fé. Ele descreve essa experiência como uma poderosa elevação que o fez acreditar com uma certeza indescritível:

> Naquele tempo comecei a escrever e tinha a opinião de que poderia encontrar nas cerimônias católicas, que eu encarava com diletantismo presunçoso, um estimulante adequado e matéria para alguns exercícios decadentes. Nesse estado de ânimo eu assistia, empurrado e pressionado pela multidão, à missa solene com moderado prazer... Eu estava na multidão perto da segunda pilastra no início do coro à direita da sacristia. Aí então realizou-se o acontecimento que seria determinante para toda a minha vida. Em um instante meu coração foi tomado; eu acreditava. Eu acreditava com um consentimento interior muito forte, todo o meu ser foi poderosamente elevado, eu acreditava com uma convicção tão forte, com uma certeza tão indescritível que não deixava espaço para a menor dúvida, de um jeito que a partir desse dia todos os livros, todas as sutilezas, todos os acasos de uma vida movimentada não puderam abalar ou, melhor dizendo, tocar a minha fé. Eu tive subitamente o sentimento agudo da inocência, da infância eterna de Deus, de uma revelação inefável. Na ten-

tativa que já empreendi diversas vezes de reconstruir os minutos que se seguiram a esse instante extraordinário, deparei-me com uma série de elementos que, entretanto, só constituíram um único raio do qual a Providência Divina se utilizou para finalmente encontrar o coração de um pobre filho desesperado e ter acesso a ele: o quão felizes são as pessoas que têm uma fé! Se fosse realmente verdade? É verdade! Deus existe, Ele está aí. Ele é alguém, Ele é um ser tão pessoal quanto eu. Ele me ama, Ele me chama[53].

A questão está em saber se as nossas missas têm a força de tocar as pessoas e atender ao anseio que elas têm por Deus. Não se trata somente de preparar as missas de modo moderno. Elas precisam da força do Espírito. As pessoas anseiam por missas cheias de força.

Pudemos experienciar uma missa assim no Pentecostes de 2011 em Münsterschwarzach. Participamos de um simpósio sobre Pentecostes com o tema "Deus tem muitos nomes". Milhares de pessoas foram à Missa de Pentecostes. Nós mantivemos as atividades normais do coro naquele Pentecostes e o am-

---

53. CLAUDEL, P. *Meiner Bekehrung*, 1909.

pliamos através de alguns rituais da tradição indiana que o Padre Sebastian Painadath realizou. A missa durou mais de duas horas. Muitos visitantes sentiram: essa missa tem uma força. Quando a liturgia é autenticamente festejada as pessoas são tocadas por ela. Naturalmente, isso depende de como as palavras da pregação são escolhidas em uma missa assim.

As pessoas anseiam por missas cheias de força. Elas podem durar tranquilamente mais. Quem só celebra as missas mais curtas, tendo em vista o conforto das pessoas, dificilmente quer tocá-las e fazer com que elas se convertam. É preciso ter a coragem de usar o tempo e de celebrar os rituais previstos com toda a atenção e honestidade. Nesse caso, mesmo hoje, as pessoas são tocadas. É um desafio de nossa Igreja celebrar a liturgia de tal maneira que as pessoas sintam algo da força que emana de Deus, que não é um mero ornamento para nossa vida. Ainda hoje Ele pode nos tocar profundamente e nos transformar.

Muitos lamentam o fato de cada vez menos pessoas irem à igreja no domingo. Mas somente o fato de que a cada domingo, em inúmeras igrejas, a missa seja celebrada muda a nossa sociedade. O filósofo Max Horkheimer diz que os ofícios religiosos mantêm desperto na sociedade o desejo pelo que é totalmente diferente. Desse modo, eles trazem uma contribuição importante para a humanização da sociedade. É que a sociedade sempre tem tendências totalizantes. Ela gostaria de ter os homens totalmente à sua disposição.

A missa é um espaço livre em que o homem pode respirar, no qual ele pode experimentar-se como uma pessoa livre, única, valorosa, como filho e filha de Deus. Devemos ficar confiantes de que pessoas interessadas irão às nossas missas e serão realmente tocadas por elas. Serão talvez as pessoas que por anos não iam a uma igreja. Mas em algum momento elas têm a necessidade de ir. E ainda que a missa concreta não seja nada de especial, elas serão tocadas. O que é decisivo é que nós mesmos disponhamos toda a nossa pessoa a ser tocada na missa pelo que nós celebramos.

Entretanto, é importante que as pessoas continuem a ser introduzidas no ritual da missa. Percebo que muitas pessoas não sabem mais o que significam os rituais da Eucaristia e dos outros sacramentos.

Em meus cursos faço propositadamente uma celebração eucarística com o grupo na noite de sábado. Explico alguns rituais e os realizo intencionalmente com gestos que esclareçam esses rituais. Muitas vezes ouço, nessas ocasiões, que ocorre pela primeira vez nas pessoas a consciência do que significa a Eucaristia e que ela tem a ver com a transformação própria. Coisa semelhante ocorre quando explico os rituais do Batismo, do Matrimônio e da Unção dos Enfermos. Trata-se de explicarmos os rituais de tal maneira que eles tenham um significado curador e libertador para os celebrantes. Hoje é novamente necessário o que Romano Guardini chama de mistagogia: a introdução ao mistério da liturgia, a interpretação dos ritos para que as pessoas possam ser tocadas e transformadas de um modo novo por eles.

O acompanhamento espiritual

No passado, o abuso espiritual ou sexual era cometido às vezes no acompanhamento espiritual. Entretanto, o acompanhamento espiritual tem grande importância para muitos cristãos, pois trata-se de confiar na própria alma e obter uma segurança maior sobre o que Deus quer de mim.

O acompanhante espiritual não pode me dizer qual é a vontade de Deus em relação a mim. Ele só pode estimular-me a refletir por mim mesmo sobre o que é correto para mim. E ele pode abrir meus olhos para que eu mesmo reconheça o que Deus quer de mim.

Hoje há em muitas pessoas a necessidade de acompanhamento espiritual. Para muitos ele é um caminho bom para buscar Deus e a própria verdade. Mas é preciso que os acompanhantes e as acompanhantes espirituais tenham uma boa intuição para os caminhos difíceis de Deus e um bom conhecimento da própria alma e da alma daquelas pessoas que eles acompanham.

Atualmente há muitas possibilidades de formação para acompanhantes espirituais. Quem procura essa formação empenha-se cuidadosa e cautelosamente no acompanhamento espiritual. Não cometerá nenhum abuso espiritual, mas desenvolverá uma intuição para o que se manifesta na alma das pessoas acompanhadas, o que elas precisam para encontrar sua própria identidade e seguir o seu caminho de fé.

Para as pessoas que procuram acompanhamento é importante que confiem em seus próprios sentimentos. Normalmente acontecem três conversas no começo do acompanhamento espiritual. Então cada um – tanto o acompanhante quanto o acompanhado – pode decidir se quer continuar o acompanhamento. Cada um deve sentir se pode desenvolver um acompanhamento que seja bom para ambos os lados. Sempre que o acompanhante ou a acompanhante se mostram muito autoritários e tomam para si a tarefa de reconhecer para os outros a vontade de Deus, o acompanhado precisa de autoconfiança suficiente para afastar-se. Ele sente que não acontecerá um acompanhamento, mas sim uma manipulação.

O acompanhamento espiritual conduz o acompanhado a uma existência cristã madura, a um caminho no qual ele se envolve cada vez mais profundamente com o amor de Deus, no qual reconhece sua própria verdade e está pronto para aceitá-la. No acompanhamento espiritual as imagens doentias de Deus podem ser reconhecidas e elaboradas, de modo que as imagens curadoras e libertadoras se elevem dentro da alma humana. O objetivo do acompanhamento espiritual é, em primeiro lugar, curar-me das imagens doentias de Deus e de mim mesmo, para atingir, atrás de todas as imagens de Deus e de mim mesmo, o Deus que está além de todas as imagens e o verdadeiro eu, que não posso descrever mais exatamente. O acompanhamento espiritual guia-me no sentido do contato com esse verdadeiro eu. Assim, entro em harmonia comigo mesmo e, por esse caminho, entro em harmonia com Deus, com as pessoas e com toda a criação.

Pensamentos finais

A descoberta das palavras

Queiramos ou não, a nossa imagem de Deus e nossa autoimagem são constantemente obscurecidas e frequentemente envenenadas. As influências externas, tanto quanto as internas, são as responsáveis pelo comportamento errado de pessoas encarregadas da cura de almas. Meus próprios padrões de vida são responsáveis pelo fato de que não posso aceitar objetivamente determinadas palavras da Bíblia, determinados rituais da Igreja e determinadas formas de pregação. Antes de tudo, eles tocam minhas velhas feridas que eu recebi na infância. Mesmo palavras de pregação que têm intenção construtiva podem fazer com que eu entre em contato com velhas feridas.

Minha tarefa é, então, ver a minha própria verdade e entender-me. Em vez de acusar os outros de pregar uma imagem negativa de Deus, olho com atenção, em primeiro lugar, para dentro de mim mesmo com o objetivo de reconhecer minhas próprias autoimagens e imagens de Deus. Elas são, muitas vezes, a causa de que determinadas palavras dos pregadores me firam. É que elas tocam as antigas feridas de minha história de vida.

A religião nunca está totalmente livre de falsificações da imagem de Deus e da autoimagem. A religião pode ser um caminho de cura, mas todos os conceitos, imagens e símbolos podem ser também falsificados. Portanto, é nossa tarefa desenvolver uma intuição para imagens saudáveis de Deus e de nós mesmos e, ao mesmo tempo, obter uma intuição sobre a nossa alma e as feridas que ela traz consigo.

Somente através de uma descoberta honesta as nossas imagens podem ser transformadas e nós podemos nos conciliar conosco e com Deus. É que a rebelião contra Deus, que observamos hoje em muitas pessoas, é frequentemente uma resistência contra determinadas imagens dele: contra aquelas imagens que internalizamos em nossa história de vida e, sobretudo, quando essas imagens nos fazem lembrar de antigas imagens que ferem.

Minha intenção neste livro foi tornar você, querida leitora, querido leitor, sensível para as imagens doentias e curadoras de Deus e de si mesmo. E gostaria de convidar-lhe a confiar na própria alma.

Se algumas palavras em meu livro o machucaram, não foi minha intenção. Queria escrever respeitosamente. Mas, apesar disso, pode ser que algumas palavras o tenham atingido. Nesse caso seria importante que você se ouvisse com muita atenção e se perguntasse: Essas palavras fazem com que me lembre de minhas feridas? Ou elas me confrontam com uma posição do escritor com a qual não concordo, que me lembra de algumas posições negativas?

Não tenho a pretensão de escrever sempre de uma forma fiel a Jesus Cristo e à sua mensagem. Estou consciente de que em minha escrita também entram sorrateiramente meus problemas que obscurecem a mensagem de Jesus. Na verdade, nenhum pregador ou pregadora nos apresenta de forma pura a mensagem de Jesus.

É nossa tarefa lidar e lutar com as palavras que ouvimos e lemos de tal maneira que reconheçamos nossa própria verdade e entremos cada vez mais em contato com nosso eu autêntico e invulnerável que repousa no fundo de nossa alma e está para além de todas as imagens e conceitos. Quando estamos em contato com ele podemos ouvir e ler serenamente tudo o que nos é proposto. Temos uma intuição interior sobre se essas palavras nos fazem bem ou não, se elas nos conduzem à nossa verdade ou não, se elas nos preenchem com o Espírito de Jesus ou com a falta de espírito do pregador.

Essa intuição interior deve, entretanto, estar ligada à misericórdia, para que não nos tornemos presunçosos, mas levemos em conta humildemente que também nossa visão de Jesus e de Deus está um pouco obscurecida em função de nossos padrões de vida e de nossa história de vida.

Que você sempre consiga ter sucesso nessa tarefa, é o que lhe desejo!

Referências

AFFEMANN, R. "Schuld, Schulderfahrung und Gewissen – Ein Gespräch mit dem Stuttgarter Psychoterapeuten". *Herder Korrespondenz*, 27, 1973, p. 131-137.

BRADSHAW, J. *Das Kind in uns* – Wie finde ich zum ir selbst. Munique, 1992.

BRUCKNER, P. *Ich leide, also bin ich - die Krankheit der Moderne* – Eine Streitschrift. Weinheim, 1996.

COMTE-SPONVILLE, A. *Woran glaubt ein Atheist?* – Spiritualität ohne Gott. Zurique, 2009.

GÖRRES. A. *Das Böse*. Friburgo im Breisgau, 1984.

_____. "Die Gotteskrankheit – Religion als Ursache seelischer Entwicklung". In: BÖHME, W. (org.) *Ist Gott grausam?* – Eine Stellungnahme zu Tilmann Mosers "Gottesvergiftung". Stuttgart, 1977, p. 10-21.

GRUEN. A. *Der Fremde in uns*. Stuttgart, 2002.

HARTUNG, M. *Angst und Schuld in Tiefenpsychologie und Theologie*. Stuttgart, 1979.

JACOBI, J. & JUNG, C.G. *C.G. Jung - Mensch und Seele* – Aus dem Gesamtwerk ausgewählt von Jolande Jacobi. Olten, 1972.

JOHNSON, D. & VAN VONDEREN, J. *Geistlicher Missbrauch* – Die zerstörende Kraft der frommen Gewalt. Wiesbaden, 1996.

JUNG, C.G. *Briefe III*. Olten, 1973.

_____. *Briefe II*. Olten, 1972.

_____. *Gesammelte Werke VIII*. Olten, 1964.

KAST, V. *Abschied von der Opferrolle* – Das eigene Leben leben. Friburgo im Breisgau, 1998.

LUIBL, H.J. & SCHEUTER, S. *Opfer* – Verschenktes Leben. Zurique, 2001.

MOSER. T. *Von der Gottesvergiftung zu einem erträglichen Gott* – Psychoanalytische Überlegungen zur Religion. Stuttgart, 2003.

_____. *Gottesvergiftung*. Frankfurt am Main, 1977.

MUNZ, R. "Feministich theologische Opferkritik – Thesen". In: LUIBL, H.J. & SCHEUTER, S. *Opfer – Verschenktes Leben*. Zurique, 2001, p. 9-12.

NEGEL, J. *Ambivalentes Opfer* – Studien zur Symbolik, Dialektik und Aporetik eines theologischen Fundamentalbegriffs. Paderborn, 2005.

RAHNER, K. "Geheimnis". *Sacramentum mundi II*, Friburgo im Breisgau, 1968, p. 189-196.

RAUCHFLEISCH, U. "Pastoralpsychologische Überlegungen zur Bewältigung von Schuld". In: BAUMGARTNER, I. *Handbuch der Pastoralpsychologie*. Regensburgo, 1990, p. 349-366.

STUBBE, E. "Religionspsychologische Anmerkungen zum Opfer". In: LUIBL, H.J. & SCHEUTER, S. *Opfer* – Verschenktes Leben. Zurique, 2001, p. 47-64.

TILLICH, P. *Systematische Theologie II*. Berlim, 1979.

TOURNIER, P. *Echtesundfalsches Schuldgefühl*. Friburgo im Breisgau, 1967.

WACHINGER, L. "Seelsorgliche Beratung und Begleitung bei Schuld und Schuldgefühlen". In:

BAUMGARTNER, K. & MÜLLER, W. *Beraten und begleiten* – Handbuch für das seelsorgliche Gespräch. Friburgo im Breisgau, 1990, p. 241-248.

CULTURAL

Administração
Antropologia
Biografias
Comunicação
Dinâmicas e Jogos
Ecologia e Meio Ambiente
Educação e Pedagogia
Filosofia
História
Letras e Literatura
Obras de referência
Política
Psicologia
Saúde e Nutrição
Serviço Social e Trabalho
Sociologia

CATEQUÉTICO PASTORAL

Catequese
   Geral
   Crisma
   Primeira Eucaristia

Pastoral
   Geral
   Sacramental
   Familiar
   Social
   Ensino Religioso Escolar

TEOLÓGICO ESPIRITUAL

Biografias
Devocionários
Espiritualidade e Mística
Espiritualidade Mariana
Franciscanismo
Autoconhecimento
Liturgia
Obras de referência
Sagrada Escritura e Livros Apócrifos

Teologia
   Bíblica
   Histórica
   Prática
   Sistemática

REVISTAS

Concilium
Estudos Bíblicos
Grande Sinal
REB (Revista Eclesiástica Brasileira)
SEDOC (Serviço de Documentação)

VOZES NOBILIS

Uma linha editorial especial, com importantes autores, alto valor agregado e qualidade superior.

VOZES DE BOLSO

Obras clássicas de Ciências Humanas em formato de bolso.

PRODUTOS SAZONAIS

Folhinha do Sagrado Coração de Jesus
Calendário de Mesa do Sagrado Coração de Jesus
Agenda do Sagrado Coração de Jesus
Almanaque Santo Antônio
Agendinha
Diário Vozes
Meditações para o dia a dia
Guia Litúrgico

CADASTRE-SE
www.vozes.com.br

EDITORA VOZES LTDA.
Rua Frei Luís, 100 – Centro – Cep 25689-900 – Petrópolis, RJ
Tel.: (24) 2233-9000 – Fax: (24) 2231-4676 – E-mail: vendas@vozes.com.br

UNIDADES NO BRASIL: Belo Horizonte, MG – Brasília, DF – Campinas, SP – Cuiabá, MT
Curitiba, PR – Florianópolis, SC – Fortaleza, CE – Goiânia, GO – Juiz de Fora, MG
Manaus, AM – Petrópolis, RJ – Porto Alegre, RS – Recife, PE – Rio de Janeiro, RJ
Salvador, BA – São Paulo, SP